Kaisergedenken

Kaisergedenken

13 literarische Annäherungen an Otto IV.

Hrsg. von der Arbeitsgruppe Literatur der
Braunschweigischen Landschaft e.V.

Abbildungen: Titelbild Kaiser Otto IV., Statue auf dem Braunschweiger Schloss (Foto Uwe Krebs), Titelrückseite Grabkrone der Kaiserin Richenza (Quelle: Braunschweigisches Landesmuseum, Foto Döring, BLM)

Herausgeber: Braunschweigische Landschaft e.V. Arbeitsgruppe Literatur
www.braunschweigischelandschaft.de

Projektleitung: Dr. Lutz Tantow

Gesamtherstellung: Ruth Printmedien GmbH

Appelhans Verlag, Braunschweig 2009, www.appelhans-verlag.de

ISBN 978-3-941737-10-5

Inhalt

Angelika Burkhardt

Ein Tag im Tode des Otto von Braunschweig

„Wen hat der Zufall denn heute ausgewählt?“

„Moment, die Nachricht ist noch nicht da. Ah, hier kommt sie. Es ist 19051218-175.“

„Okay, dann wollen wir mal.“ Der in strahlendes Weiß Gekleidete beugte sich über einen blauen Laserlichtpunkt, der auf der blanken Arbeitsfläche seines leeren Schreibtisches leuchtete: „Hallo Energetikon? Wir bitten um Bereitstellung von 18051218-175 aus dem Archiv.“

„Hier Energetikon“, tönte es diffus aus dem Raum, „wir haben verstanden. Großer Datenpool. Transformation leicht verzögert.“

„Großer Datenpool“, äffte der Weißgekleidete nach, auf dessen rechter Brust sich ein zartgelbes A zu erkennen gab, „wer soll das denn sein?“

„Da hat es diesmal wohl keinen Otto Normalverbraucher erwischt“, konstatierte sein Kollege. Er war ebenso weiß gekleidet, nur dass sein Anzug rechts ein zartgelbes B zeigte.

„Die Daten treffen gerade ein“, sagte B, „ich speise jetzt den Rekorporator.“

Dabei vollzog er ein paar elegante Handbewegungen auf seinem Schreibtisch, in den kaum unterscheidbare Bedienfelder eingearbeitet waren, und aus dem

Nichts des sich ins Unendliche verlierenden Raums bauten sich die Umrisse einer etwa mannshohen und -breiten, gläsern scheinenden Säule auf. Leise summte und klingelte es, während sich im Rekorporator vage die Konturen einer Person abzeichneten, die schnell schärfere Gestalt annahm. Dann verstummte der Rekorporator und verschwand wieder im Nichts. Aus einem winzigen energetischen Pünktchen, das jedoch Abermillionen an Informationen enthalten haben musste, war ein Mann rekorporiert worden: Groß und wohlgestaltet, mit weißer Haut, bis zum Kinn reichenden braunen Haaren und einem gut handbreiten, sauber gestutzten Bart stand er stolz und hoch erhobenen Hauptes, aber splitterfasernackt, da.

„Machen Sie sich über ihr Äußeres keine Gedanken. Ihre Kleidung ist natürlich bei Ihrer sterblichen Hülle verblieben. Wir passen Sie in wenigen Minuten an“, spulte A gelangweilt den Text ab, den er an dieser Stelle immer sagte.

Erst jetzt sah der Mann an sich herunter. Mit beiden Händen versuchte er notdürftig seine Blöße zu verdecken und auf seiner Stirn zeichneten sich bedenkliche Zornesfalten ab.

„Ich wünsche auf der Stelle meinen Mantel!“, polterte er auch schon los.

„Sie haben nichts mehr zu wünschen.“ A schien unbeeindruckt. „Und ihren Mantel können Sie wahrscheinlich im Museum besichtigen.“

„Lassen Sie uns kurz die Formalitäten erledigen, dann werden Sie bekleidet“, sagte B beschwichtigend, „Ihr Name ist Otto Braunschweig, gestorben am 19. Mai 1218?“

„Otto von Braunschweig, römisch-deutscher König, Kaiser Otto IV. des Heiligen Römischen Reiches!“, korrigierte Otto mit Unmut.

„Das ist Ihr Problem“, sagte B, „ja also, Herr Braunschweig, da haben Sie ja eine außerordentliche Vita vorzuweisen...“

Auf einem unsichtbaren Display, das neben Otto erschienen war, überstürzten sich die Bilder einer lieblich erscheinenden Kindheit, ritterlicher Jungmännerfreundschaften, die sich aber bald in Szenen von Streit, Mord und Totschlag verkehrten. Die Krone des deutschen Reiches senkte sich auf das Haupt eines jungen Mannes. Bunte Heere von Rittern wälzten sich wie Lindwürmer durch weites Land. Weltliche und geistliche Würdenträger standen im Dialog mit dem königlich-kaiserlichen Hauptdarsteller, der stets kostbar gewandet, freundlich, besonnen und klug wie ungeduldig, herrisch und wütend auftrat. Er reiste zu Schiff, im Wagen, aber meistens zu Pferd in alle Winkel Europas, begnügte sich mit dem Einfachsten und genoss das Üppigste. Er stand im Glanz seiner Zeit. Man sah ihn als den rastlos Tätigen, pflichtbewusst und umsichtig seine Entscheidungen treffend, und man sah den Müßiggänger, der Gesang, Spiel und Tanz liebte und sich an Kunst und Literatur zu ergötzen wusste.

Die beiden Weißgekleideten blicken gebannt auf den Lebensfilm Ottos. Der endete mit dem Scheitern eines Mannes, der eine exponierte Rolle in der Weltgeschichte inne gehabt hatte. Er scheiterte auch körperlich, sozusagen in seinen besten Jahren, als ihn ein unheilbarer Durchfall, die „schysse“ ereilte und bis zur Ohnmacht an den Kübel fesselte. Die letzten Bilder zeigten, wie sich der schon stark geschwächte Todkranke im Beisein seiner Gattin und engster Vertrauter schlimmen Torturen aussetzte, sich gar von Mönchen schlagen ließ, um für alles zu büßen, was er in seinem sündigen Leben getan und unterlassen hatte. Irgendwann ertrug sein Körper die Strapazen nicht mehr und hauchte das Leben aus.

B warf A einen langen, entsetzten Blick zu. Solch eine Vita hatten die beiden noch nie zu Gesicht bekommen.

„Innen der Virus, außen der Klerus. Das überlebt man nicht so leicht", näselte A zynisch grinsend, so als verstünde er die wirkliche Welt.

B schüttelte kaum merklich den Kopf in Richtung seines Kollegen und sagte: „Wirklich Pech, Herr Braunschweig, wirklich Pech, dass es so endete…"

Otto blickte angespannt zu Boden. „Gottes Wege sind unergründlich", presste er hervor.

„Und dann solch eine Buße!", B war voller Mitgefühl, „da müssen Sie Ihr Gewissen ja schwer belastet haben!?"

A rutschte unruhig auf seinem gläsernen Stuhl herum, aber B blieb neugierig, obwohl er wusste, dass ihm diese Fragen nicht zustanden: „Und warum haben Sie sich 1218 dafür beworben, ihre Nachwelt zu besuchen? Hatten Sie noch eine Rechnung offen?"

„Nicht so, wie Sie vielleicht denken", entgegnete Otto etwas zögerlich, „mein Leben als Herrscher habe ich mit einem ordentlichen Testament in Anstand und Würde beendet. Aber Otto, der Mensch, ist durch seinen Tod überrumpelt worden. Ich hätte mein Leben gern so beendet, wie ich meine Tage beendet habe: in Ruhe, zufrieden mit dem Tagwerk und mit einem Braunschweiger Bier oder einem guten Rotwein aus dem Anjou. Aber gerade hatte ich mich nach einem anstrengenden Winter zur Erholung zurückgezogen, da wurde ich krank. Als sich mein Tod abzeichnete, musste ich an das Reich denken und meine Hinterlassenschaften regeln. Das war vorderste Aufgabe für einen Mann in meiner Position. Ich hatte in jenem Jahr den Frühling besonders herbeigesehnt und wie zum Hohn musste ich an einem wunderbaren Maitag gänzlich aus der Welt scheiden. Von allen Ungerechtigkeiten, die mir im Leben widerfahren sind, war dies das Ungerechteste…“

„Genug dessen!“, fuhr A endlich dazwischen, „Ihre Motive gehen uns nichts an. Fahren wir im Programm fort: Herr Braunschweig, Sie hatten damals bei Ihrer Bewerbung um Rekorporation angegeben, dass man Sie nach Braunschweig überstellen möge. Das wird geschehen. Allerdings ist seit Ihrem Tod weitaus mehr Zeit verstrichen, als es gemeinhin der Fall ist; genauer gesagt 791 Jahre. Wir werden Sie daher einer zeitspezifischen kulturellen Assimilation unterziehen, damit Sie sich im Jahre 2009 weitgehend zurechtfinden können. Die Erinnerung an Ihr Leben bleibt natürlich gegenwärtig, es wird in Ihrer rechten Gehirnhälfte abgespeichert, Ihre linke, sprachbegabte Gehirnhälfte wird 791 Jahre an kultureller Evolution nachholen während sie durch den Assimilator treten. Sie werden in Braunschweig kaum auffallen.“

Er gab B ein Zeichen, der daraufhin wieder ein paar elegante Handbewegungen auf seinen kaum unterscheidbaren Bedienfeldern vollzog, und Otto stand in einem modernen, sommerlichen Anzug da. Ein dünner Schal hing um seinen Hals, für alle Fälle, und eine Tasche baumelte an seiner Schulter.

„Haar- und Barttracht können wir so lassen“, sagte B, „2009 ist alles möglich.“

„Das Wichtigste“, ergänzte A nachdrücklich, „ist in der Tasche. Neben etwas Geld und anderen nützlichen Utensilien enthält sie ein kleines Gerät, das wir kurz Blueberry nennen; damit können Sie alles ausgleichen, was nach der Assimilation an Fragen offen bleibt.

Es öffnet Ihnen Tür und Tor zum Verständnis des 21. Jahrhunderts. Sie haben zwanzig Stunden zur Verfügung, um sich in Ihrer Nachwelt umzusehen. Sie werden am frühen Morgen um vier Uhr in die Erde gestellt und Ihre Zeit läuft um Mitternacht desselben Tages ab. Treten Sie nun durch den Assimilator.“

Während A sprach waren die Umrisse eines mannshohen, transparenten Portals hinter Otto erschienen. Er bemerkte, wie seine Knie weich wurden, sein Herz pochte bis zum Hals. Warum hatte er sich bloß für dieses Unternehmen beworben?

Dass ihn der Zufall erst nach 791 Jahren auslosen und dann in eine völlig fremde Welt katapultieren könnte, daran hatte er damals gar nicht gedacht! Und wenn er nun in diesen jämmerlichen Zustand zurückkehren wird, in dem er die Welt verlassen hatte? Er schloss die Augen und trat durch das Portal.

Ein leiser Wind zauste an seinen Haaren und der süße Duft von Lindenblüten stieg ihm in die Nase. Stadtluft schien das nicht zu sein. Sein Herz klopfte noch immer wild und er traute sich nicht, die Augen zu öffnen. „Viel Glück Herr B bv raunschweig – ich wünsche Ihnen einen schönen Tag in Ihrer Stadt, und sehen Sie zu, dass Sie sich alle offen gebliebenen Fragen beantworten können“, hatte ihm der Weißgekleidete mit dem zartgelben B auf der Brust noch nachgerufen. Hatte er, nachdem er verschieden war, doch Fragen an die Nachwelt stellen wollen? Sicher keine, die seine politische Laufbahn betrafen. Er wusste, dass er dazu Hunderte von Zeitgenossen, die auch alle längst tot waren, hätte in einen Raum sperren und befragen müssen. Danach, warum sie für oder gegen ihn gewesen waren oder aus welchen Motiven heraus sie intrigiert und gelogen hatten. Seine rechte Gehirnhälfte kannte die Mittelalterspielchen genau. Wenn nicht dickes Blut zur Loyalität zwang, hängte man gemeinhin sein Mäntelchen in den Wind.

Wind! Eine leichte Brise trieb abermals den Duft von Lindenblüten unter seine Nase. Otto öffnete vorsichtig die Augen. Er saß auf einer hölzernen Bank, die rings um einen Lindenbaum gebaut war. Es war noch dunkel, aber die zahlreichen Laternen erleuchteten die Kulisse gut. Sein Blick fiel geradeaus auf den Burglöwen, der ihm sein Hinterteil zuwendete. Das gute alte, wohlvertraute Hinterteil des Familiensymbols! Otto lächelte unwillkürlich, stand auf und umkreiste das jetzt auf einem imposanten, erhöhten Podest thronende Standbild. Plötzlich fühlte er Freude aufkeimen: Er war zweifelsfrei zu Hause! Erst jetzt fiel ihm auf, dass er sich ganz und gar nicht in dem jämmerlichen Zustand kurz vor seinem Ableben befand. Er fühlte sich gut, ohne Schmerzen, Ängste und Zweifel, einfach leicht. Das, was sein Leben gewesen war, lag wie ein eben ausgelesener Roman in seiner Erinnerung. Seine Zeit war ihm zwar sehr nah, aber die gegenwärtige Zeit schien ihm auch vertraut. Ein Auto, dachte er, als das Geheul eines Motors herüberdrang. Der Assimilator hatte ganze Arbeit geleistet.

Ihm war, als sei es gestern erst gewesen, dass er hier an dieser Stelle im Burghof gestanden hatte und doch war es Äonen her. Er kannte den Platz nur staubtrocken oder völlig verschlammt, nun war er sauber gepflastert, umsäumt von großen starken Steinhäusern, einer Pfalz und dem Dom. Die Geräusche und Gerüche waren andere als die, die er von damals her kannte. Es stank nicht nach den Kloaken der Stadthäuser, nach den Ausdünstungen und Ausscheidungen von Pferden und Menschen. Dankwarderode war nicht mehr sein Heim. Das Einzige, was unverkennbar die Zeit überdauert hatte, waren der Löwe und St. Blasius. Er ließ seine Augen über die Mauern der Kirche wandern und registrierte mit Wohlwollen die Neuerungen, die sich harmonisch an das Ursprüngliche anlehnten. Wer hatte das initiiert? Der kleine Otto, sein Neffe? Oder dessen Söhne? Überhaupt – gab es noch Nachfahren der welfischen Familie? Seine linke Gehirnhälfte gab darüber keine Auskunft und er wollte grade seinen Blueberry aktivieren, als sein Blick ein großes Banner streifte, das vom Landesmuseum herabhing. „Das Kaiserjahr 2009“ stand darauf und „Otto IV.“ und „Traum vom welfischen Kaisertum“; die abgebildete schmalbrüstige Figur sollte ihn offensichtlich darstellen. Otto schluckte gerührt. Die Braunschweiger hatten ihn also nicht vergessen! Man feierte in ein paar Wochen sein achthundertstes Krönungsjubiläum. Er hatte der Stadt also doch so sehr am Herzen gelegen wie sie ihm. Warm und wohlig strömte es durch seinen Bauch – der Tag hatte sich schon gelohnt.

Der Wind trieb eine Zeitung vor sich her, die sich flatternd an Ottos Hosenbein verfing. Er hob sie auf und erkannte dasselbe Bild eines schmächtigen Kaisers Otto IV. auf der Titelseite. Daneben die Überschrift: „Otto lockt viele Besucher in Braunschweiger Hotelbetten“. Otto war sprachlos. Erstens bin ich ewig tot, dachte er, und zweitens hätte ich auch zu Lebzeiten so etwas nie getan. Befremdet überflog er den Zeitungstext und erfuhr, dass laut Stadtmarketing, die Zahl der Übernachtungen in den Braunschweiger Hotels im Kaiserjahr sprunghaft angestiegen sei. In einem Kasten neben dem Artikel standen mehrere Vortragsankündigungen. Dass seine Herrscherleistung im Fokus der Forschung stand, nahm er gelassen zur Kenntnis. Sollten sie nur alle Handlungen, die im Dienste des Reiches gestanden hatten, auseinanderpflücken. Man konnte es doch nie allen recht machen. Ein kurzer Absatz zur Erläuterung seiner Person endete mit den Worten: „… konnte Otto zumindest kurzzeitig den seit Lothar III. bestehenden Traum vom welfischen Kaisertum erfüllen.“ Da staunte Otto nicht schlecht: Wer soll denn diesen Traum gehabt haben? Sein kaiserlicher Urgroßvater Lothar? Niemals! Er mag geträumt haben, dass einer seiner Nachkommen, vielleicht schon sein Enkel, Kaiser wird. Das Welfische daran hätte er aber nur billigend in Kauf genommen. Wenn schon jemand vom welfischen Kaisertum geträumt hatte, dann jener Enkel, ein geborener Welfe, Ottos Vater Heinrich der Löwe. Der war von einem starken Herrschaftsanspruch beseelt gewesen – und zwar zu Recht! Er, Otto, hatte diesen Traum jedenfalls nicht geträumt. Er war auch nicht dafür vorgesehen gewesen, in die Fußstapfen seines Vaters zu treten. Aber sein älterer Bruder, der Erbprinz, stand noch vor Jerusalem, als die Staufer-opposition dringend einen Königskandidaten brauchte. Und da es keine vornehmere unter den hochadeligen Familien gab als die Heinrichs des Löwen, wurde dessen verfügbarem Sohn Otto die Krone angetragen. Der nahm sie, wuchs in seine Rolle hinein, füllte sie aus und wurde gar Kaiser. Und seine Gönner? Diejenigen, die einen Welfen auf den Thron gehoben hatten? Deren Wunschtraum war rein pragmatischer Natur: Ein welfischer König verhindert die staufische Vormachtstellung, dachten sie. Die meisten Gönner haben sich ihre Gönnerschaft ohnehin gut bezahlen lassen. Sein Onkel Richard, König von England, hatte Otto die nötigen Wählerstimmen gekauft, für seinen geliebten Neffen war ihm nichts zu teuer. Gefolgschaften waren leider oftmals nur Zweckgemeinschaften, die sich bildeten und wieder auflösten. Was denkt denn die historische Forschung, warum er Beatrix von Staufen, die Tochter seines ermordeten Gegenkönigs Philipp geheiratet hatte?

Weil er um einen friedlichen Ausgleich bemüht gewesen war! So war das eben: Man konnte seinen Besitz vergrößern, Grenzen verschieben, Feindschaften in Freundschaften verwandeln – alles einfach durch die richtige Heirat. Aber die kleine Beatrix starb schon drei Wochen nach der Hochzeit. Er hatte verzweifelt um sie getrauert, weil mit ihr der ganze Plan und die Hoffnung auf Einigung und Frieden im deutschen Reich dahin gegangen waren. Mit ihrem Tod fielen auch die staufischen Dulder des welfischen Kaisertums wieder von ihm ab. Hätte Otto nicht diesen ihm eigenen sächsischen Dickschädel gehabt, hätte seine Amtszeit zu einem wahren Albtraum werden können. „Der Albtraum vom welfischen Kaisertum", das wäre doch eine journalistisch herausfordernde Schlagzeile gewesen!

Otto grinste in sich hinein und übergab das Zeitungsblatt wieder dem Wind, der es raschelnd davontrug. Mein Gott, wie lange ist das alles her, warf sein seine linke Gehirnhälfte gelangweilt ein, das ist doch Schnee von gestern. Das ist Schnee von vorgestern und der heutige Tag verspricht, warm zu werden, dachte Otto entschieden. Endlich wollte er sich ganz aus dieser landesväterlichen Rolle befreien, die scheinbar stärker an ihm klebte, als ihm lieb war. Zuerst wollte er einen Rundgang machen, er war neugierig zu sehen, welche Entwicklung die Weichbilde genommen hatten. Ob sich in dem Häusermeer der großen Stadt wohl noch die Konturen seines alten Brunswich erkennen ließen?

Er hatte sich erst wenige Schritte fortbewegt, als Otto den ersten Braunschweiger Bürger des 21. Jahrhunderts sah. An der Haustüre des der Stirnseite von St. Blasius gegenüber liegenden Hauses machte sich ein Mann zu schaffen. Bei seinen erfolglosen Versuchen, die Tür aufzuschließen, fiel sein Schlüsselbund mehrmals klirrend zu Boden. Die leicht schwankende Haltung des Mannes war Otto wohlvertraut. Offensichtlich hatte die Liebe zu Wein und Bier die Zeit überdauert. Er trat zu dem im Türschloss stochernden Mann und fragte freundlich: „Kann ich Ihnen behilflich sein?“ Das Neuhochdeutsche kam ihm perfekt von den Lippen.

Der Mann sah hoch. „Mensch, Gerd, was machst Du denn hier um diese Zeit?“, fragte er mit schwerer Zunge.

„Mein Name ist Otto…“, und hier zögerte Otto leicht, fuhr dann aber fort: „Otto von Braunschweig.“

Der Mann sah ihn belustigt an. „Mensch, Gerd! Wir wissen zwar alle, dass Du Dich insgeheim für den Herzog von Braunschweig hältst, aber wieso Otto…?“

„Kennen Sie denn nicht den Sohn Heinrichs des Löwen? Kaiser Otto IV.?“

Der Mann prustete nun vor Lachen. „Mensch, Gerd! Im Kaiserjahr gibst Du Dich mit dem Herzog nicht mehr zufrieden, was? Jetzt muss es Kaiser Otto sein!? Mensch Gerd, Du hast doch nicht auch getrunken? Hehehe?“

„Entschuldigung, aber sie müssen mich verwechseln, ich bin nicht Gerd“, sagte Otto. Die Mutmaßungen des Mannes verwirrten ihn, „kommen Sie, ich schließe für Sie die Tür auf, dann können Sie Ihren Rausch ausschlafen.“

„Zweiter Stock“, sagte der Mann und ließ sich von Otto in den Hausflur schieben. Als sich plötzlich die Treppenhausbeleuchtung einschaltete, hörte der Mann auf, schalkhaft zu grinsen. „Du bist ja gar nicht der Gerd. Du siehst besser aus, aber der komische Bart und der Schal…, tut mir leid.“

Da er sich auf die Treppe setzte und augenblicklich einzuschlafen drohte, bot Otto an, ihn vielleicht besser bei seiner Frau im zweiten Stock abzugeben.

„Das geht nicht“, lallte der Mann müde, „die hat mich ja rausgeworfen. Ich schlafe heute im Büro. Zweiter Stock. Wenn Sie mal ein Problem haben, kommen Sie vorbei. Ich heiße Rüdiger. Ab heute Mittag bin ich wieder im Dienst.“

Otto hievte Rüdiger zwei Treppen hoch und der verschwand dann hinter einer Tür, an der ein blankgeputztes Messingschild befestigt war. „Psychologische Beratungsstelle“ war auf dem Schild zu lesen.

Otto wartete noch eine Minute, ehe er den Blueberry aus der Tasche zog, den kleinen Sensor drückte und dabei fest auf das Messingschild starrte.

Psychologie ist die Wissenschaft von den bewussten und unbewussten seelischen Vorgängen, vom Erleben und Verhalten des Menschen, klang es leise in seinen Ohren.

„Faszinierend!“, sagte Otto halblaut vor sich hin und trat wieder nach draußen. Vielleicht würde er Rüdiger heute tatsächlich noch besuchen.

Im Osten begann es bereits zu dämmern, als Otto den Weg zum Hagen einschlug.

Er konnte den Burgplatz an einer sehr ähnlich gelegenen Stelle wie damals verlassen, aber kein Sumpf, kein Wassergraben behinderte seinen Weg, alles war trocken, fest, dicht bebaut. Die schönen, aber gewaltigen Gebäude hinter der Burg, *Verwaltung und Rathaus der Stadt*, wie der Blueberry sagte, mussten eine gewaltige Hofkapelle beherbergen! Otto verspürte eine leise Lust zu sehen, wie sie arbeitete, aber der erleichternde Gedanke, dass ihn das alles nichts mehr anging, überwog sein administratives Interesse schon einen Augenblick später. Unmengen parkender Autos säumten den kurzen Weg zum Hagenmarkt. Und da lag er, der Mittelpunkt des einst so modernen Weichbildes Hagen. Einfältig blickende Steinhäuser gruppierten sich heute um einen lärmenden Straßenkreisel, in dessen Mitte man, unter dünnstämmigen Bäumen, einen schönen Brunnen gebaut hatte. Der sollte an den Gründer der Hagenstadt, an Heinrich den Löwen, erinnern, ganz unverkennbar. Vaters Schatten war schon immer lang, dachte Otto, und gar als König oder Kaiser bin ich doch immer nur sein Sohn geblieben. Otto stellte dies fest, ohne Groll, denn seine Eltern hatten ihn in Ruhe gelassen. Ihr Ehrgeiz richtete sich auf ihren Ältesten, denjenigen, für den sie eine Karriere vorgesehen hatten. Otto hatte noch drei Brüder gehabt und er war das Gefühl nie losgeworden, als sei er übrig gewesen. Seine Eltern hatten ihn sozusagen zur Adoption freigegeben. So war er bei seinem Onkel Richard Löwenherz aufgewachsen, der alles für ihn wurde: Mutter und Vater, Bruder und Freund.

An St. Katharinen, die Otto nur als Baustelle kannte, hatte der Zahn der Zeit schon gehörig genagt. Ihr Äußeres erschien ihm fremd. Ein ernüchterndes Bild bot auch die Neustadt. Der gewaltige Turm musste zu ihrer Kirche gehören, die er nicht gekannt hatte. *St. Andreas am Wollmarkt,* hatte der Blueberry gesagt. Vor ihm St. Petri. Nicht weit davon hatte das Petritor gelegen. Welch eine großzügige Straße führte heute über den westlichen Umflutgraben. Otto nahm an, dass er noch früh genug auf die Oker stoßen würde, und bog in die Güldenstraße ab. Bis zur Sonnenstraße reihte sich ein Glas- oder Steinkasten an den anderen. Auch vom Hohen Tor keine Spur mehr. Er durfte gar nicht daran denken, wie viel Geld und Arbeit es gekostet hatte, die Stadt zu befestigen, aber dass sie, die über Jahrhunderte so sehr expandiert war, schließlich ihre zu eng gewordenen Stadtmauern sprengte, wunderte Otto eigentlich nicht. Da drüben St. Michaelis. Alle Kirchen hatten im Laufe der Zeit ihre Gesichter verändert, aber man konnte sich an ihnen orientieren und tatsächlich die alte Struktur des mittelalterlichen Braunschweigs erkennen. Obwohl der Anblick von St. Martini sein Herz hüpfen ließ, eilte er daran vorbei – und da war er, der Altstadtmarkt. Wie schön!

Für das mächtigste und reichste der fünf Weichbilde der Stadt, die Altstadt, begann man Mitte des 13. Jahrhunderts mit dem Bau eines repräsentativen Rathauses, wisperte der Blueberry, *etwa zeitgleich entstand auch das Zeughaus, um die vielen, in der Stadt hergestellten Güter, besonders die Tuchwaren, in geeigneter Weise lagern zu können.*

Längst war es hell geworden. In der Bäckerei gegenüber, die gerade erst geöffnet hatte, herrschte schon reger Betrieb. Der Duft von Frischgebackenem wehte verführerisch herüber. Otto widerstand nicht, warum auch, und betrat die Bäckerei. Dort gab es Riddagshäuser Klosterbrote, Löwenbrötchen und Heinrichskrusten. Er hätte es als seine moralische Verpflichtung angesehen, die Ottokruste zu probieren, wenn es denn eine gegeben hätte, aber so konnte er sich leichten Herzens für einen der kleinen, mit buntem Zuckerguss überzogenen Kuchen entscheiden. Er zeigte mit dem Finger auf ein rosaweiß-gestreiftes Hefeteilchen und sagte: „So eines bitte!"

Die Verkäuferin steckte es in eine saubere Papiertüte und sagte: „Einszwanzig."

Otto öffnete den Reißverschluss seiner kleinen Geldbörse und beobachtete mit kindlicher Freude das geschmeidige Auseinandergleiten der Reißverschlusszähne.

„Einszwanzig!", sagte die Verkäuferin etwas lauter.

Otto fischte ein Zwei-Euro-Stück heraus und nahm Wechselgeld und Kuchen in Empfang. Im Hinausgehen hörte er noch, wie die Verkäuferin zu ihrer Kollegin sagte: „Seltsamer Vogel."

Er setzte sich auf den steinernen Rand des Marktbrunnens, genoss den süßen Kuchen und beobachtete die vorbeieilenden Passanten. Riesige Autos hielten in kurzen Abständen am Straßenrand, denen stets ein gutes Dutzend Menschen entquoll. *Omnibusse* oder kurz *Busse* nannte man sie, hatte der Blueberry erklärt. „Omnibus" hieß „für alle"; diese Busse waren also Autos, die von vielen gemeinsam genutzt werden konnten. Die rechte Gehirnhälfte stellte ihre guten Lateinkenntnisse gern der linken zur Verfügung und Otto freute sich über diese Beziehung zwischen damals und heute. Sie gab ihm das Gefühl, nicht auf einem fremden Planeten gelandet zu sein. Nein, das war er beileibe nicht. Er war in Braunschweig, er erkannte seine Stadt und man kannte ihn.

Immer öfter konnte Otto beobachten, dass Kinder und Jugendliche, die kleineren in ordentlichen Kolonnen, die größeren in Grüppchen, auf dem Altstadtmarkt auftauchten. *Schulklassen* vermutete der Blueberry. Was für gesunde, stattliche und gut genährte Kinder, stellte Ottos rechte Gehirnhälfte bewundernd fest. Er war in seinem Leben leider kinderlos geblieben. Es hätte ihm schon gefallen, Vater zu sein, ganz abgesehen davon, dass er eigentlich in der Pflicht gewesen wäre, einen männlichen Erben zu produzieren, aber genau jene Pflichten, die zur Erzeugung eines Erben hätten führen können, hatte er vernachlässigt. Und außerdem hatte seine zweite Gattin Maria auch gern auf den ehelichen Beischlaf verzichtet. Kinderkriegen hielt sie für lebensgefährlich und sie liebte ihr Leben sehr. Vielleicht hätte es sich noch ergeben, wenn er nicht so früh verstorben wäre. Die Kinder, die auf den Altstadtmarkt kamen, wurden von einer Lehrperson begleitet, es wurde gesprochen, erklärt und diskutiert und dann zogen die Gruppen in verschiedene Richtungen weiter. Otto hatte den guten Kuchen längst vertilgt, die klebrigen Finger im Marktbrunnen abgewaschen und beeilte sich nun, zum Altstadtrathaus zu kommen. Das wurde gerade von einer Schulklasse betreten, der sich Otto möglichst unauffällig anschließen wollte. Im Altstadtrathaus gab es etwas über die Stadtgeschichte zu erfahren, hatte ihm der Blueberry verraten. Otto erfuhr so viel Beeindruckendes, aber auch so viel Ungeheuerliches über das Schicksal Braunschweigs, dass er es kaum fassen konnte. Verheerende Brände hatten die Stadt in Schutt und Asche gelegt, die Pest hatte ihre Bewohner massenweise dahingerafft und Kriege hatten sie ins Elend gestürzt. Aber die Braunschweiger waren immer wieder aufgestanden, ihre Stadt war immer wieder aufgeblüht und war gewachsen Die kulturell und wirtschaftlich guten Zeiten überwogen die Katastrophen bei weitem.

Am Ende der Führung bekamen alle Kinder eine Viertelstunde Zeit, um sich im Foyer das riesige Stadtmodell anzusehen. Dass ihre Stadt um 1761 schon so groß und so dicht bebaut gewesen war, mochten die Schüler kaum glauben. Auch Otto nicht. Als er, Otto, ungefähr im Alter dieser Kinder gewesen war, lebte er schon seit ein paar Jahren nicht mehr in Braunschweig. Sein Vater, der mächtige, aber renitente Fürst, war seines Landes verwiesen worden. Die ganze Familie ging zum Großvater, König Heinrich II. von England, in die Normandie. Als die Eltern nach Braunschweig zurückkehrten, ließ man ihn und seine Geschwister am anglonormannischen Hof zurück, nur der Älteste, der Erbe, kehrte mit heim. Otto hatte in seiner Kindheit wahrlich viele Freiheiten genossen, mit Onkel Richard, dem Bruder seiner Mutter, die verrücktesten Sachen unternommen, aber hatte er sich je so unbeschwert bewegt wie diese Kinder hier? Er konnte sich nicht recht erinnern. Eines der Mädchen sah schon eine ganze Weile hinter ihm her; sie hatte offensichtlich bemerkt, dass Otto sich, wenn auch in Distanz, der Führung angeschlossen und interessiert zugehört hatte. Jetzt stellte sie sich vor ihn hin und sah ihm keck, eine Erklärung fordernd, in die Augen. Otto lächelte milde und fragte stattdessen: „Warum sind denn heute so viele Schulklassen unterwegs?"

„Heute ist doch dieser Tag der Regionalgeschichte", sagte das Mädchen, „jede Klasse muss ein bestimmtes Thema der Braunschweiger Geschichte bearbeiten, wir machen erstmal allgemeine Stadtgeschichte. Interessiert Dich das auch?" Sie legte den Kopf schief.

„Ja, das interessiert mich sehr und ich bin ganz begeistert von dem, was ich hier lernen konnte. Zum Beispiel, dass Braunschweig seit Heinrich dem Löwen eine stolze und recht wohlhabende Stadt geblieben ist, die sogar ihre Herzöge vertrieb, wenn diese dumm und unfähig regierten. Es ist wirklich sehr schade, dass sie vor kurzem so plötzlich ihres Gesichts beraubt wurde", entgegnete Otto.

„Vor kurzem?", sagte das Mädchen gedehnt und zog die Nase kraus, „falls du meinst, dass Braunschweig im Krieg abgebrannt ist – das ist doch schon ganz lange her. Du hast ja keine Ahnung!"

„Da magst Du Recht haben. Davon habe ich wenig Ahnung, aber ich weiß, dass ein Braunschweiger mal König und Kaiser gewesen ist, der hieß Otto", sagte Otto triumphierend, „Du auch?" Er genoss sein Inkognito in diesem Moment unsäglich.

„Klar!", antwortete das Mädchen. Und mit altklugem Gebaren fuhr sie fort: „Mein Papa sagt aber, der war nicht so wichtig. Der sei zur Krone gekommen wie die Jungfrau zum Kind."

Jetzt hatte sie es Otto aber gegeben. Während es ihm die Sprache verschlug, klatschte die Lehrerin in die Hände und sammelte ihre fröhliche Meute zusammen.

„Ich heiße Trixi. Und Du?", rief ihm das Mädchen im Hinausrennen zu.

„Otto!", rief Otto und winkte ihr mit einer Hand hinterher. Ruckartig blieb das Mädchen stehen und drehte sich zu ihm um. Auch Otto hielt in der Bewegung inne. Dann fiel die Tür zu und die Klassenkameraden zogen Trixi um die Hausecke in die Breite Straße fort.

Otto verließ das Altstadtrathaus, überquerte den prächtigen Marktplatz in Richtung Kohlmarkt. In seiner rechten Gehirnhälfte drängte dumpf und quälend die Erinnerung an das Mädchen, das seine erste Gemahlin geworden war.

Der Kohlmarkt, einst Kreuzungspunkt mehrerer Fernhandelsstraßen, Warenumschlagplatz und lärmender Treffpunkt wie Rastplatz Handelsreisender. Ein Kirchlein stand in der Mitte, aber vor allem war der Platz eines gewesen: feucht! Oft hatte die Oker nach regenreichen Tagen hier alles unter Wasser gesetzt. Heute sah Otto den Kohlmarkt als einen weiten, sauberen und trockenen Platz, von hohen, wunderschönen, Schulter an Schulter drängenden Steinhäusern umgeben. Das Kirchlein war nicht mehr da, dafür hatte er auch hier einen großzügigen Brunnen vorgefunden, in dem das Wasser erfrischend plätscherte. Buntes Treiben und Lärmen schien in veränderter Form wie eh und je zu herrschen, heute vor allem durch die Schüler, welche die vielen nach draußen gestellten Tische und Stühle der kleinen Cafés und Eisdielen bevölkerten. Der Verlauf der ehemaligen Fernhandelswege war tatsächlich noch erhalten, denn damals wie heute mündeten an denselben Stellen kleine Gassen auf den rautenförmigen Marktplatz. Aber wo sind bloß die Wasser der Oker geblieben, fragte sich Otto. Er entschied, geradeaus weiterzugehen, denn in dieser Richtung musste er zum Hafen kommen, von wo aus viele der hertransportierten Waren per Boot und Schiff weiterbefördert wurden. In diesem Bereich der Stadt gab es keine Autos oder Karren, Pferde und anderes Getier natürlich auch nicht. Dafür schoben sich unglaublich viele Menschen durch die steinerne Schlucht der Straße. In den Erdgeschossen der Häuser präsentierten sich bunteste und fremdeste Waren hinter gläsernen Fronten. Otto war noch immer auf keinen Okerarm gestoßen, als er das Ende der Einkaufsstraße erreicht hatte. Aber was war denn das? Die enge Straße öffnete sich zu einem weiten Panorama. Das war wie der Blick auf den Petersplatz mit Lateran und Peterskirche zusammengenommen. *Das Braunschweiger Schloss, bis 1918 Sitz des Hauses Braunschweig-Lüneburg* wusste der Blueberry zu flüstern; *das im Krieg schwer beschädigte Gebäude wurde 1961 abgerissen und 45 Jahre später unter Verwendung vieler Originalteile rekonstruiert und durch einen Investor, der eine Shopping-mall angliederte, wiedererrichtet. Die beiden Reiterstandbilder vor dem Schloss stellen die Herzöge Karl Wilhelm Ferdinand und Friedrich Wilhelm dar.*

Otto musste sich erstmal orientieren. Links ging es ganz eindeutig den Bollewech hinab zur Hagenstadt, er sah die Türme der Katharinenkirche. Rechts auf der Anhöhe befand sich St. Ägidien, dort war er ein- und ausgegangen, hatte dem Kloster zum Dank einen wertvollen Mantel geschenkt. Geradeaus sah er hinter einem Häuschen, das aussah, als sei es mit den bunten Kuchen aus den Auslagen der Bäckergeschäfte beklebt, den Turm der alten Magnikirche ragen. Dort lag die Altewiek. Der Blueberry bestätigte seine Position und gab noch eine Reihe weiterer Erklärungen zu den vor ihm liegenden Gebäuden ab. Liebe Kinder und Kindeskinder meines Neffen, dachte Otto, welch eine Residenz habt Ihr Euch schaffen können, ich bin so stolz auf Euch! Und dennoch fragte er sich, ob das seltsam bizarre Ensemble von alter und mittelalter Braunschweiger Vergangenheit in Verbindung mit dem Knusperhäuschen und der hässlichen Fassade eines Kaufhauses, das sich protzig in den Vordergrund schob, nun weltstädtisch sei oder ob hier viele Köche den Brei verdorben hatten?

Otto wollte endlich die Oker sehen. Die Einkaufstraße, die er hinuntergekommen war, hieß „Damm", was er als Indiz dafür ansah, dass er sich im ehemaligen Verlauf des Flusses nicht täuschte, aber es war noch immer kein Wasser in Sicht. Er ging weiter geradeaus in die Altewiek, vorbei am Anton-Ulrich-Museum, wo er mit Genugtuung erfuhr, dass auch die Nachfahren seiner Familie noch der Kunst gefrönt und sie als Mäzene gefördert hatten, und gelangte schließlich zum östlichen Umflutgraben der Oker.

Otto blickte von der Brücke in den schmal gewordenen Fluss, der schwarz und glänzend und ganz gezähmt in seinem begradigten Bett dahinfloss. Schöne Gärten mit großen alten Bäumen begleiteten seinen Lauf. Der Weg eines öffentlichen Gartens führte dicht am Wasser entlang und Otto ging bis zum Theater mit. Hier war es ruhiger, man konnte natürlichen Boden unter den Füßen spüren, Vögel zwitschern und Enten quaken hören. Ein Hauch von Wald flog ihn an. Eine schöne Erinnerung, aber es zog ihn in die quirlige Stadt und zu den Menschen zurück. Vom Theater aus konnte er geradewegs auf Dankwarderode blicken und er beschloss, dorthin zurückzukehren. Sein Magen knurrte inzwischen gewaltig und er hatte heute Morgen gesehen, dass auch im Burghof einige wenige Tische und Stühle draußen standen. Die müssten inzwischen gedeckt sein und er wollte dort zu Mittag essen. Seine rechte Gehirnhälfte dachte ein wenig sehnsüchtig an die wunderbaren Kapaune, die Klothilde 800 Jahre zuvor an beinahe gleicher Stelle zubereitet hatte, selbst wenn sie ihm mit sanftem Zwang stets auch den vor der Stadt angebauten Kohl aufnötigte.

Bei dem schönen Wetter waren natürlich alle Tische besetzt. Dass man ihm nicht Platz machte, war Otto nicht gewohnt und außerdem hatte er nicht mehr alle Zeit der Welt, um zu warten oder ein anderes Mal wiederzukommen. Er wollte in diesem Ambiente speisen und sonst nirgends! Seine linke Gehirnhälfte riet dringend zur Mäßigung, er sei heute weder als König noch Kaiser unterwegs, sondern als x-beliebiger Braunschweiger. Otto steuerte auf einen

Tisch zu, an dem allein zwei Herren saßen, die bereits mit dem Essen fertig waren. Er fragte freundlich, ob sie etwas dagegen hätten, wenn er sich zu ihnen gesellte, da kein anderer Platz mehr frei sei. Natürlich durfte er sich zu ihnen setzen, die Herren schienen geradezu erfreut über einen neuen Tischgenossen. Otto bestellt sich das, was unter „Braunschweiger Spezialitäten" aufgeführt war, den Mummebraten, und ein großes Bier.

Am Tisch unterhielt man sich angeregt über Otto IV., wie sollte es im Kaiserjahr auch anders sein. Es stellte sich heraus, dass einer der Herren, Prof. Decker, gerade vor den Braunschweiger Oberstufenschülern einen Vortrag über Kaiser Otto gehalten hatte. Er war vom Landesmuseum im Rahmen des Tages der Regionalgeschichte dazu eingeladen worden und hatte sich anschließend mit dem Kustos Dr. Schmitz, den er noch aus Studententagen kannte, zum Mittagessen verabredet. Als Otto sich mit der Variante seines Namens, die er für moderner hielt, vorstellte, brachen die beiden in schallendes Gelächter aus.

„Otto Braunschweig! Entschuldigung, aber sie führt der Himmel an unseren Tisch", Prof. Decker hatte vom Lachen Tränen in den Augen, „wir reden seit Stunden über nichts anderes als über Otto von Braunschweig, und nun kommen Sie!"

„Du wirst es vielleicht nicht für möglich halten", sagte Schmitz zu seinem ehemaligen Kommilitonen, „aber es gibt im Braunschweiger Telefonbuch mehrere Einträge des Namens Braunschweig." Und an Otto gewandt: „Aber dass Sie auch noch Otto heißen, ist wirklich urkomisch."

Urkomisch fand Otto das nun gerade nicht, schon eher, dass er wirklich vom Himmel kam; sozusagen. Aber er ließ sich von der allgemeinen Heiterkeit, an der sicher das genossene Bier in Verbindung mit der senkrecht stehenden Sonne nicht unschuldig war, anstecken.

Der Mummebraten erwies sich als köstlich, ebenso wie das Bier aus der Hofbrauerei, das kühl und mild auf der Zunge perlte.

„Sagen Sie“, richtete sich Otto zwischen zwei Bissen an Prof. Decker, „wie schätzen Sie als Fachmann denn Otto IV. als Menschen ein? Cholerisch und gerecht wie sein Vater? Brutal und sangesfreudig wie sein Onkel Richard Löwenherz? Klug und intrigant wie seine Großmutter Eleonore? Oder eher sanft und duldsam wie seine Mutter?“

Prof. Decker sah überrascht hoch: „Sie kennen sich aus?“

„Na, als Otto Braunschweig!“, warf Schmitz ein und lachte dröhnend.

„Über den Charakter der Altvorderen kann man nur aus dem Zeugnis der Zeitgenossen etwas erfahren. Und das ist oft durch persönliche Meinungen gefärbt.“ Decker hatte über Schmitz’ Bemerkung nur geschmunzelt und fuhr nun ernster fort: „Ich denke, dass das Bild, das von Otto IV. bisher in den Geschichtsbüchern gemalt wurde, revisionsbedürftig ist. Er war kein ungebildeter grober Klotz. Er war wohl ein recht friedfertiger Mensch, hat sich aber trotzdem nie die Butter vom Brot nehmen lassen, vor allem vom Papst nicht. Er hat möglicherweise in seiner Herrschaft einen durchaus intelligenten Plan verfolgt, der aber mit seinen Zeitgenossen nicht durchzusetzen war. Man ist ja immer ein Kind seiner Zeit."

„Da haben Sie wahrlich Recht!", Otto stimmte kauend zu.

„Wahrscheinlich war Otto ein besonnener Charakter, was möglicherweise aus seiner umfassenden Bildung resultierte, der er am anglonormannischen Hof praktisch gar nicht ausweichen konnte. Auf die Exkommunikation durch Papst Innozenz und die Tatsache, dass es in seiner Amtszeit einen Gegenkönig und einen Gegenkaiser gab, hat er sich, auf Deutsch gesagt, ein Ei gepellt. Er hat seine Sache durchgezogen. Das verdient Respekt. Aber..."

„Gekrönt ist gekrönt!" unterbrach Otto Prof. Decker unwirsch, „ ich bin vom Kölner Erzbischof in Aachen zum König gekrönt worden, so wie es sich gehört! Die Reichsfürsten können sich nicht alle paar Tage überlegen, dass sie lieber einen anderen König hätten, noch kann der Papst den Kaiser, den er eben noch unterstützt hat, auswechseln, weil er ihm unbequemer daher kommt, als er annahm. Innozenz wollte gern die Fäden der Weltgeschichte allein in der Hand halten und hat dabei übersehen, dass er nur ein Werkzeug Gottes war. Und der hat mich durch ihn zum Kaiser gemacht. Das kann kein Sterblicher ändern. Gott selbst hat es schließlich gefallen, die Lage zu klären, indem er mich frühzeitig ins Jenseits abberief und dem jüngeren Friedrich dadurch eine Chance gab."

Während Otto das letzte Stück vom Mummebraten in den Mund schob, das Messer ableckte und sein Bierglas leerte, war ein peinliches Schweigen eingetreten. Auf Ottos Wangen hatten sich vor Eifer hingegen kleine rote Flecken gebildet. Als er aber die betretenen Blicke seiner Gegenüber auffing, wurde ihm schlagartig klar, dass er sich hier fast um Kopf und Kragen geredet hatte.

„Kleiner Scherz", sagte er lächelnd, war sich aber nicht sicher, ob die beiden ihm das glauben oder ihn doch eher für verrückt halten würden.

„Sagen Sie, gibt es eigentlich noch Nachfahren der welfischen Familie?", wechselte Otto daher schnell das Thema.

„Aber sicher!", diesmal antwortete Schmitz, „zwar blieb Otto IV. kinderlos, aber dank seines Neffen, Otto das Kind, sind die Welfen ein weitverzweigter, blühender Stamm geblieben, bis heute. Es gab zwar immer mal wieder ein homophiles Mitglied in der Familie, aber die war recht groß, es fand sich stets ein Verwandter, der die Stammreihe weiterführte."

„Und die Staufer?", fragte Otto gespannt mit angehaltenem Atem.

„Ausgestorben", antwortete Schmitz.

Otto versuchte die Lippen aufeinander zu pressen, so gut es ging, aber der Versuch misslang und ein breites Lächeln zog sich von einem Ohr zum anderen. Prof. Decker und Dr. Schmitz rüsteten sich zum Aufbruch. Sie verabschiedeten sich von Otto, nicht ohne zu bekunden, wie sehr es sie gefreut habe, die Bekanntschaft eines Otto Braunschweig gemacht zu haben.

Otto fühlte sich beschwingt. Mit dem zweiten Bier, das er sich bestellt hatte, prostete er dem Löwen zu. „Auf die Staufer!", sagte er dabei und leerte das

Glas in einem Zuge bis zur Hälfte. Die Sonne schien im bedenklich auf den Kopf. Und als er da so saß und sich am Augenblick erfreute, fiel ihm auf, dass sekundenlang das alte Panorama des Burghofes aufflackerte, wenn er seine Augen zusammenkniff. Die Gruppe junger Männer, die beim Löwendenkmal stand, verwandelte sich zur Ritterschar. Die lachenden Frauen, die an Dankwarderode vorbeigingen, trugen lange Röcke und ein hübsches Gebände. Und lehnte da nicht der liebe Walther von der Vogelweide an der Mauer des Domes? Er wiederholte dieses Spielchen mehrere Male, bis seine Lider immer schwerer wurden und schließlich ganz zufielen. In seinem Kopf traten nun rechte und linke Gehirnhälfte in einen unkontrollierten Austausch. Homophile Mitglieder der Familie, hatte dieser Schmitz gesagt. Die linke Gehirnhälfte wusste, was das hieß, und die rechte ließ französische Bilder aufleben: Onkel Richard und seine Freunde liegen im Gras, Bertrand spielt eine gefällige Waise auf der Laute, er, Otto, posiert dazu, wohl wissend, wie sehr die jungen Männer seinen noch kaum muskulösen Körper bewundern. Es hatte ihm gefallen, der vergötterte Knabe dieser kleinen Gesellschaft zu sein.

Er wurde abrupt geweckt, als sein Kopf in den Nacken fiel. Er schaute sich um, aber niemand hatte sein kurzes Schläfchen beobachtet.

Da war sie also: Die Frage aller Fragen. Die Frage, auf die er im Leben keine Antwort erhalten hatte und die ihm auf der Seele brannte. Er war anders gewesen als die meisten Männer. Für ihn hatte sich das gut und richtig angefühlt, aber seine Zweifel und die

Angst, nicht gottgefällig zu sein, hatten ihm sehr zugesetzt. Je älter er wurde, desto öfter hatte er Gott um Hilfe und Vergebung angefleht. Immer und immer wieder. Aber der hatte geschwiegen. Vorsichtshalber hatte er sich an der Schwelle zum Tod für jeden verirrten Gedanken, den er eventuell gehabt hatte, zehn Rutenstreiche zur Buße geben lassen. Während seiner Jugendjahre in Gesellschaft von Onkel Richard oder begleitet von dessen Freunden war es kein Problem gewesen, dass er gelegentlich anders fühlte, als er hätte sollen. Das ehre ihn nur, hatte Onkel Richard gesagt, das Leben habe mehr zu bieten, als die meisten Menschen ahnten! Er solle seine Wünsche nur ausleben; er könne es sich zum Glück erlauben. Otto hatte es sich dennoch nicht erlaubt, meistens nicht. Dass Onkel Richard Männern zugetan war, war ihm natürlich nicht verborgen geblieben. Auch er hatte gelernt, ästhetische Aspekte an Männern zu schätzen. Zwanglose Frauenkontakte, die er an den Fingern einer Hand abzählen konnte, ergaben sich erst nach Onkel Richards Tod, als er selber längst König geworden war. Zwar hatte er manche schöne Frau begehrt, aber auch ein gut gebauter Jüngling ließ sein Herz höher schlagen. Diese Neigung hatte ihm Angst gemacht. Aber war sie wirklich widernatürlich? Es war doch seine Natur! War es wirklich eine Verfehlung, so zu fühlen, wie er es getan hatte, oder verstieß das nur gegen die von der Kirche installierten Sitten? Und was taten Kirchenmänner hinter verschlossenen Türen? Darüber, dass manche einander nicht abgeneigt waren, wurde mächtig getuschelt. Der einzige, mit dem er darüber ein von reiner Vernunft geleitetes Gespräch hätte führen können, wäre sein Großvater König Heinrich gewesen, der konnte eine Frage objektiv und wissenschaftlich angehen, aber zum einen reagierte er auf dieses Thema sehr allergisch, zu oft hatte er den Tändeleien seines Sohnes Richard zusehen müssen, zum anderen starb der Großvater schon, kaum dass Otto entdeckt hatte, dass er neben Eva auch Adam hätte lieben können.

Ich denke, ich werde Rüdiger danach fragen, dachte er, möglicherweise ist diese Frage heute längst aufgeklärt und ich kann ohne Schuldgefühle in der Ewigkeit meine Ruhe finden.

Die schnellen Traumbilder aus seinem vergangenen Leben hatten Ottos Gedanken nahe an die Menschen herangeführt, die ihm einst lieb und teuer gewesen waren. Er dachte an seine Mutter und daran, dass er sich aus seinem Braunschweig nicht verabschieden konnte, ohne das Grab der Eltern besucht zu haben. Einen Katzensprung nur lag es entfernt. Nachdem er aus seiner gut gefüllten Geldbörse mit den magischen Reißverschlusszähnen seine Rechnung bezahlt hatte, ging er über den Burghof auf St. Blasius zu. Seine Schritte waren ungewöhnlich schwer und er entschloss sich auf halbem Wege, zuerst die Burg Dankwarderode zu besichtigen, die augenscheinlich auch ein Museum geworden war. Unwillkürlich sank sein Unterkiefer nach unten, als ihm, von Lichtspots hervorgehoben, eine Übermacht geballter Vergangenheit gegenübertrat. Der originale Löwe seines Vaters stand hier drinnen. Auch sein purpurner Kaisermantel war hier ausgestellt. Dünn und zerbrechlich war der Stoff im Laufe der Zeit geworden, aber man hatte ihn aufbewahrt, seine Schenkung von damals geehrt. Otto wandte sich noch einmal zum Löwen um, dem er jetzt direkt in die Augen schauen konnte. Als kleiner Junge hatte er das Löwenstandbild einmal mit einer Lanzenspitze, die er im Hof gefunden hatte, an seinem rechten Hinterlauf traktiert. Die Erinnerung stand plötzlich plastisch vor seinen Augen, denn man brachte ihn zum Vater, der ihm eigenhändig eine Ohrfeige verpasst hatte. Otto rückte dicht an besagte Stelle heran, um zu sehen, ob die winzig kleine Puntie in der Bronze noch erkennbar sei – da schrillte laut eine Klingel. Er wich erschrocken zurück, aber die Klingel hörte nicht auf zu lärmen. Alles wandte sich zu ihm um und schon kamen schnellen Schrittes zwei Museumswärter auf ihn zu. Endlich verstummte die Klingel.

„Sie haben die Alarmanlage ausgelöst. Der Löwe ist von einem unsichtbaren Schutzschild umgeben, das nicht berührt werden darf. Sie müssen Abstand halten. Die Hinweisschilder sind an allen vier Seiten des Denkmals angebracht und eigentlich nicht zu übersehen“, sagte einer der Männer in mäßig freundlichem Ton.

„Ich wollte nur mal sehen, ob diese kleine Delle noch da ist, an der ich Schuld trage“, entschuldigte sich Otto, „ich habe als Fünfjähriger im Burghof Ritter gespielt und dabei dem Untier eine Speerspitze in den Hinterlauf gerammt. Die Delle ist noch da!“ Otto strahlte über das ganze Gesicht und fuhr mit dem Finger über das Bein des Löwen. Augenblicklich begann die Alarmglocke wieder zu schrillen. Die zwei Männer stürzten auf ihn zu, packten ihn an den Armen und in weniger als einer Minute fand er sich draußen an der frischen Luft wieder. Otto war empört! Noch während er tief einatmete, um die Wärter anzuherrschen, wen sie eigentlich glaubten, vor sich zu haben, meldete sich erschrocken die linke Gehirnhälfte. Das Bier hatte sie träge gemacht und nun erinnerte sie eilig daran, wie lobenswert es doch sei, dass die Braunschweiger die Schätze ihrer Vergangenheit so verantwortungsbewusst ehrten, achteten und bewachten.

Die Scheu, den Dom zu betreten, war fast unüberwindlich, würde er dort doch sein eigenes Grab vorfinden. Das Kaisergrab – wie wird man es ausgestaltet haben? Der erste Eindruck vom Innern des Kirchenschiffs war Enttäuschung. Wo waren die kostbaren Malereien geblieben? Ein paar klägliche bunte Reste waren in der Apsis zu erkennen. Davor gewaltig der Leuchter. Der Marienaltar. Dort an kahler Wand das Imervardkreuz. Im Zentrum das Grabmal der Eltern, so wie er es in Auftrag gegeben hatte. Ein angemessenes Kaisergrab fehlte, nur eine kleine Platte mit der Inschrift „Otto IV." vor den Gräbern seiner Eltern verwies auf ihn. Hatte Heini seinen letzten Wunsch nicht erfüllt? Hatte sein älterer Bruder, der den Neid an Ottos Stellung, welche die seine hätte sein sollen, oft nicht verbergen konnte, ihm nicht das gewünschte Grab bereitet oder war es die Zeit, die eine Schuld an dem schlichten Umstand trug? Dabei war ich es, der Dir so viel geneidet hat, dachte Otto, Du durftest mit Maman in die Heimat zurückgehen, mich habt Ihr in der Fremde gelassen. Plötzlich stieg mit aller Macht ein schmerzliches Gefühl aus den Tiefen seines Stammhirns, das die rationale, assimilierte linke Gehirnhälfte nur schwer kontrollieren konnte. Otto faltete die Hände und trat neben die Skulptur, die seine geliebte Mutter abbildete. Unwillkürlich begann er zu murmeln, was er hunderte Male an ihrem Grab gemurmelt hatte: „Maman, warum hast du mich verlassen?" Und er hörte sie antworten, was er hunderte Male in seiner Einbildung gehört hatte: „Ich wollte nur Dein Bestes, lieber Sohn. Mein Bruder wollte Dir Schätze geben, die Du hier nie hättest haben können. Und die Zeiten waren doch so unsicher in Sachsen für ein empfindsames Kind, wie Du es warst."

Ja, Papas Zank mit Barbarossa hatte unsichere Zeiten für die Familie mit sich gebracht, dachte Otto, und ich habe es bei Onkel Richard gut gehabt. Aber ich habe Dich so vermisst, Maman, nie habe ich eine Frau gefunden, die so war wie Du.

Und nirgendwo in Braunschweig konnte ihm seine Vergangenheit so nahe kommen, wie an diesem Ort. Daran konnte auch keine noch so evoluierte linke Gehirnhälfte etwas ändern. Mit einem Seufzer befreite sich Otto von diesen Erinnerungen und trat wieder in die freundliche Nachmittagssonne des geschäftigen Braunschweig hinaus.

Er durchstreifte die Innenstadt, suchte gezielt bestimmte Orte auf, war begierig zu wissen, wie es dort jetzt aussah, was man gebaut und verändert hatte. Sein Bummel führte ihn auch an einer Buchhandlung vorbei und er war fasziniert davon, dass Bücher, zu seiner Zeit Schätze höchster Güte, nun jedermann in großer Zahl zugänglich geworden waren. Ein kleines Büchlein in der Auslage trug den Titel „Henry – Eine Geschichte aus dem Braunschweiger Land". Es zog sein Interesse auf sich, da auf dem Umschlag etwas abgebildet war, an das sich seine rechte Gehirnhälfte ganz dunkel zu erinnern glaubte. Die Geschichte spielte in Königslutter? Was gab es an dem Bächlein Lutter außer dem Kloster und der Grabstelle seiner Vorfahren? Otto tastete in seiner Tasche nach dem Blueberry, blickte auf das Buch und drückte den Sensor. Augenblicklich war der Inhalt der Erzählung in seinem Kopf. Er lächelte: Man wusste heute also nicht, welche Identität sich hinter dem unbekannten, in der kaiserlichen Gruft gefundenen Kind verbirgt? Nein, so wie in der Geschichte spekuliert, ist es nicht gewesen. Das Kind, das in der kaiserlichen Grablege zu Königslutter ruht, war sein Halbbruder, der erstgeborene Sohn seines Vaters aus einer früheren Ehe, den dieser mehr geliebt hatte als alle seine späteren Söhne zusammen. Man beerdigte den Knaben zunächst in Lüneburg, wo er nach einem tragischen Unfall gestorben war. Otto erinnerte sich genau daran, wie er und seine Brüder Heinrich und Lothar als kleine Jungen den Vater zu einem Besuch der imposanten Grabkirche Kaiser Lothars begleitet hatten. Dort, am Grabe seines welfischen Vaters und seiner kaiserlichen Großeltern, hatte der Vater ihnen feierlich von ihrer hohen Abstammung erzählt und gesagt, dass er erwarte, dass sie das in ihrem Leben niemals vergäßen. Und er hatte auch erzählt, dass man das von außen zwar nicht sehe, aber es stehe auch ein kleiner Kindersarkophag mit seinem ersten Sohn Heinrich in der Gruft. Er habe ihn aus Lüneburg holen lassen und dort beigesetzt, wohin er gehöre, in die kaiserliche Gruft seiner Vorväter. Er hatte in einem solch weichen Ton von der Einzigartigkeit dieses Sohnes gesprochen, dass die drei Jungs deutlich gespürt hatten, dass sie eigentlich nur die zweite Wahl waren. Seither hatten sie immer wieder versucht, sich dem Vater als gute Söhne würdig zu erweisen. Aber er übersah sie nur allzu oft.

Otto hatte am Morgen nicht einmal davon geträumt, dass ihm in Braunschweig, 791 Jahre nach seinem Tod, noch so viele verschiedenartige Hinweise auf seine Existenz und auf die seiner unmittelbaren Familie begegnen würden. Das machte ihn sehr stolz, aber nicht sprachlos, ganz im Gegenteil. Er bummelte durch die Stadt und führte dabei so allerlei erbauliche Gespräche im Volk. Er sprach Mütter mit Kinderwagen an, den Eisverkäufer in der Burgpassage, alte Damen, Kinder und Jugendliche, deren Schultag endlich vorbei war. Allen gefiel es in Braunschweig, sie schienen hier keine Not zu leiden. Otto besuchte auch das Schlossmuseum, sah das Porträt des letzten Herzogs von Braunschweig, eines wirklich sehr schönen Mannes, und erfuhr, dass der Regent der Stadt nun Oberbürgermeister hieß. Wieder draußen auf dem Schlossplatz bestaunte Otto eine vorbeifahrende Straßenbahn, die prall mit blau-gelb verkleideten Menschen gefüllt war. Sie stiegen johlend, singend und fahnenschwenkend am Damm aus. Neugierig lief Otto auf die Gruppe zu. War das eine moderne Rittergesellschaft? Eintracht hatte gewonnen, erfuhr er bald. Darum ging es also. Aber wer oder was war „Eintracht“?

„Ritterspiele??“ Die behängte Kutte sah Otto mit glasigen Augen an, „wie kommst Du denn da drauf? Fußballspiel! 3:1 gewonnen! Gegen Hannoi, den Erzfeind! Das ist wie Ostern und Weihnachten auf einen Tach!“

Da Otto nicht so aussah, als habe er verstanden, worum es ging, erbarmte sich ein Junge mit blau-gelb gestreiftem Schal des weltfremden Herrn und erklärte kurz die Lage der Dinge. Und die begeisterten Otto sehr! Regelmäßige Spiele in Braunschweig, die Mannschaft tritt in den Landesfarben des ehemaligen Herzogtums gegen Gruppen mit anderen Farben und Wappen an und man kämpft gegeneinander. Und Braunschweig besitzt eine Arena für 23000 Zuschauer. Unglaublich! Darüber, dass das Objekt der Begeisterung nur ein kleiner Ball war, hinter dem die Mannschaften herliefen, sah Otto großzügig hinweg; was zählte, war doch die offensichtliche Freude, die dieses Spiel auslöste. Wirklich zu schade, dass er am nächsten Samstag nicht dabei sein konnte. Die Blaugelben zerstreuten sich bald und Otto schlenderte weiter durch die Stadt. Unwillkürlich trugen ihn seine Füße wieder Richtung Burgplatz, wo der Löwe als Zentrum seines ehemaligen Lebens und als zeitloses Zentrum der Stadt gerade heute eine besondere Anziehungskraft auf ihn ausübte. Da stieg ihm plötzlich ein wohlbekannter Duft in die Nase, der augenblickliches Begehren in ihm auslöste: der Duft von gebratenen Hühnern. Der Tag neigte sich bereits und ihn mit einem solchen Mahl beenden zu können, erschien Otto sehr verlockend. Er sah sich suchend und schnuppernd um und entdeckte einen Stand, der zusammen mit anderen Ständen so etwas wie einen kleinen Markt bildete. Dort wurde vor allem Essbares verkauft, das ihn an seine südländischen Reisen erinnerte. Aber dort brieten an einem Spieß auch die knusprigsten goldbraunen Hähnchen, die er je gesehen hatte. Er erreichte den Stand gleichzeitig mit Rüdiger. Beide hätten vorher nicht gedacht, dass sie sich so freuen würden, einander wiederzusehen. Rüdiger schlief auch heute wieder im Büro und war gerade im Begriff, sich sein Abendessen zu holen. Er lud Otto ein, doch den Abend bei ihm zu verbringen, falls er nichts Besseres vorhabe. Otto hatte nichts Besseres vor, ganz im Gegenteil, die Aussicht, den Abend aller seiner Tage mit Rüdiger, gebratenen Hähnchen und vielleicht noch einem guten Tropfen zu verbringen, war das Beste, was er sich vorstellen konnte.

In der Ecke von Rüdigers Büro mit den bequemen Sesseln, wo sonst die Patienten ihr Herz ausschütten, breiteten sie ihre gekauften Köstlichkeiten aus und Rüdiger zauberte dazu eine Flasche Roten aus dem Schrank.

„Das ist ein zwanzig Jahre alter Cabernet franc aus dem Anjou", sagte er salbungsvoll und hielt Otto das Etikett zur Begutachtung hin, „den hat mir mein Vater vererbt und die Flasche ist das Einzige, was ich gestern von zu Hause mitgenommen habe."

„Die Weine aus dem Loiretal sind Spitzenklasse", sagte Otto und war sichtlich erfreut über die Aussicht auf diesen exzellenten Rotwein.

„Du scheinst Dich ja gut auszukennen", sagte Rüdiger und goss ein, „Vater hat gesagt, ich solle einen würdigen Anlass wählen, um diese Flasche zu öffnen, und ich habe heute Abend das unbestimmte Gefühl, als sei genau dieser Moment gekommen."

„Ich danke Dir, Rüdiger, dass Du das sagst, denn auch für mich ist heute ein ganz besonderer Tag."

Sie schwenkten den rubinroten Wein in ihren Gläsern, steckten die Nasen hinein, sogen die Nuancen von schwarzer Johannisbeere, Vanille und Eichenfass ein, stießen an und nahmen den ersten Schluck.

„Zeit ist relativ", sagte Otto noch während das Festival der Sinne auf ihren Zungen tobte, „ich habe nie einen jüngeren Wein getrunken als diesen, selbst wenn er fünf Jahrzehnte gereift wäre."

Rüdiger verstand diese Bemerkung nicht. Otto war ein wenig schräg, ein Sonderling vielleicht, aber ein grundehrlicher Charakter. Gerade diese Mischung machte es für Rüdiger so leicht, mit ihm umzugehen, mit ihm zu reden, sich vielleicht ihm anzuvertrauen, anstatt immer nur die Probleme anderer anzuhören.

„Warum gehst Du nicht nach Hause zu Deiner Frau?", fragte Otto unvermittelt in Rüdigers Gedanken hinein.

„Ach, im Augenblick ist es wahrscheinlich besser, wenn wir uns aus dem Wege gehen", Rüdiger wirkte plötzlich müde und erschöpft, „erst müssen sich die Wogen glätten, ehe wir versuchen können, miteinander zu reden."

Otto schwieg, aber es war ein aufforderndes und ermunterndes Schweigen, mit dem er Rüdiger ansah, und der, so als habe der nur darauf gewartet, es aussprechen zu können, fuhr fort: „Weißt Du, Otto, wir haben drei Kinder. Meine Frau versorgt das Haus und ich verdiene den Lebensunterhalt. Die beiden Älteren sind in der Pubertät und oft unerträglich, der Jüngste ist erst vier. Das ist für meine Frau nicht einfach, die Familie ist ein Fulltimejob für sie geworden. Das hatte sie sich so nicht vorgestellt. Ich bin in der letzten Zeit immer öfter einfach weggeblieben, wenn mir der Alltag zu viel wurde. In der vorigen Woche gab es Schulzeugnisse und ich hatte mal wieder keine Lust, mich dem erwartbaren häuslichen Theater auszusetzen; stattdessen bin ich mit einer Kollegin ausgegangen. Ausgerechnet das wurde beobachtet und meiner Frau zugetragen. Sie hat mir das sehr übel genommen."

„Kein Wunder", sagte Otto, dessen linke Gehirnhälfte über die emanzipatorischen Bestrebungen natürlich Bescheid wusste, „aber sag, was wäre eigentlich passiert, wenn Du mit einem anderen Mann ausgegangen wärst?" Otto nutzte die Gelegenheit, während er am Hähnchenbein nagte, so ganz nebenbei auf dieses Thema zu kommen.

„Das wäre wohl nur halb so schlimm gewesen."

„Ich meine, wenn Deine Frau Grund gehabt hätte, auf einen Mann anstatt auf eine Frau eifersüchtig zu sein."

„Das wäre natürlich viel schlimmer gewesen. Das hätte das Weltbild meiner Frau auf den Kopf gestellt."

„So ist das also heute …" Otto spürte eine leise Enttäuschung. Es war ihm nicht möglich, über diesen Punkt selber nachzudenken. Seine rechte Gehirnhälfte verband große Sünde damit und seine linke sagte einfach nichts dazu, so, als sei dieses Thema heutzutage gar nicht existent.

Für Rüdiger blieb Otto rätselhaft. Er teilte den Rest vom guten Cabernet franc auf beide Gläser auf und sagte: „Erzähl doch mal von Dir. Ich weiß rein gar nichts über Dich."

Ottos Gesichtsausdruck wechselte in Erschrockenheit. Was sollte er sagen? Rüdiger hatte Ehrlichkeit verdient. Auch wenn er ihn für vollkommen verrückt halten würde, er konnte ihn nicht anlügen.

„Ich bin Otto von Braunschweig, wie ich heute morgen schon sagte", begann er schließlich, „aber ich bin nicht aus deinem Jahrhundert. Ich bin 1218 als Kaiser Otto IV. gestorben und hatte mich bei meinem Tode um Rekorporation beworben. Diese Bewerbung wurde heute eingelöst und daher bin ich für einen Tag in Braunschweig. Schlag zwölf gehe ich in die Ewigkeit zurück."

Dass Otto so schwer gestört sein würde, hatte Rüdiger nicht vermutet. Dissoziative Identitätsstörung im fortgeschrittenen Stadium! Musste er, da er Otto zwar als sonderlich, aber dennoch als guten Kumpel betrachtete, an seiner psychologischen Urteilsfähigkeit zweifeln? Er beschloss, Otto zu helfen. Solche Persönlichkeitsstörungen hatten ihre Ursache in schweren Traumatisierungen in der Kindheit. Was war ihm geschehen? Um etwas darüber herauszufinden, musste er Otto ernst nehmen.

„Wir sind eben ganz davon abgekommen", sagte er daher, „was ist also heute so, was zu Deiner Zeit anders war?"

„Ich hätte gern gewusst, wie man über Männer denkt, die andere Männer attraktiv finden, sich gar in sie verlieben können.“ Otto war so dankbar, dass Rüdiger seine vorübergehende Rekorporation nicht weiter thematisierte.

„Du meinst Homosexualität? Die ist doch so alt wie die Welt. Die Naturwissenschaftler sehen sie als reine Spielart der Sexualität an. Mann mit Frau, Mann mit Frau oder Mann, Mann mit Mann, und so weiter, die Übergänge sind fließend“, erklärte Rüdiger geduldig, „sexuelles Verhalten ist vielleicht das Archaischste, was wir in uns tragen, den Variationen, leider auch den Abartigkeiten sind dabei keine Grenzen gesetzt. Homosexualität ist aber harmlos, sie kommt auch im Tierreich vor. Man hat sie ein paar Jahrhunderte lang verteufelt, davor wurde großzügiger damit umgegangen und inzwischen ist sie nahezu akzeptiert. Seit Neuestem dürfen schwule und lesbische Paare sogar heiraten.“

Otto machte kugelrunde Augen vor Erstaunen und gleichzeitig breitete sich eine erlösende Erleichterung in ihm aus. Er hatte es insgeheim immer gewusst, hatte sein Gefühlsleben immer für echt, richtig und natürlich gehalten und war unendlich glücklich über diese Bestätigung aus berufenem Munde.

„Ich falle also nicht der ewigen Verdammnis anheim und muss bis ans Ende aller Tage in der Hölle schmoren, nur weil ich schwule Gedanken hatte?“

„Quatsch!“, sagte Rüdiger, „aber bist Du denn schwul?“

„Ich weiß nicht so genau, es gab Frauen, die ich begehrte, und es gab Männer, die ich liebte. Glücklich bin ich mit niemandem geworden.“

„Aber Otto IV. war doch verheiratet, so weit ich weiß."

„In meinen Kreisen hatte Heirat nichts mit Liebe zu tun. Meine erste Frau Beatrix habe ich aus reinem Kalkül heraus gewählt und meine zweite Frau Maria liebte das Glücksspiel, nicht mich. Aber wir waren gute Freunde und wir haben uns respektiert. Das war mehr, als man erwarten durfte."

Rüdiger wurde immer klarer, wie dringend Otto der Hilfe bedurfte. Klein und änderbar waren doch seine häuslichen Probleme gegen die Verwirrungen Ottos.

„Du hast mir mit nur wenigen Worten ein Problem von der Seele genommen, das mich in Frieden mit mir selbst zurückgehen lässt, denn ich vertraue ganz auf Deine Wahrhaftigkeit und die Deiner Zeit", sagte Otto ernst, „und lass Dir gesagt sein: Du hast nur ein einziges Leben. Vergeude keine Tage durch Dickschädeligkeit oder Rechthaberei. Geh nach Hause zu Deiner Familie, denn das möchtest Du doch. Entschuldige Dich bei Deiner Frau und pack den Feierabend samt der Kinder gemeinsam mit ihr an."

Rüdiger blickte betreten zu Boden. Otto hatte Recht, er wollte nichts lieber, als nach Hause gehen. Er vermisste seine Familie mehr, als er gedacht hatte.

Otto war aufgestanden: „Ich muss mich langsam auf den Weg machen, es geht gegen Mitternacht."

„Wohin gehst Du denn jetzt? Wo wirst Du schlafen?", Rüdiger war aufgesprungen, er konnte Otto unmöglich in diesem Zustand allein lassen.

„Ich gehe dahin zurück, woher ich gekommen bin. Mach Dir keine Gedanken, es ist in Ordnung so, wie es ist."

In dem Augenblick hob die Turmuhr von St. Blasius an zu schlagen: eins.

Sie waren die Treppe hinuntergegangen und die Haustür, an der sie sich heute Morgen zum ersten Mal begegnet waren, fiel ins Schloss, als Otto fortfuhr: „Bevor ich aber gehe, werde ich Dir ein Geheimnis anvertrauen, Rüdiger, etwas, das niemand weiß, außer einer Handvoll Treuer, die lange tot sind. Weißt Du, dass man meinem Onkel König Richard I. von England den Beinamen Löwenherz gab, hatte nichts mit seinem löwengleichen Mut zu tun, wie man sich erzählte, nein, es hatte mit mir zu tun."

Die Turmuhr von St. Blasius schlug zum vierten Mal.

„Ich war der Welfe, der Sohn des Löwen, im Kreise seiner Freunde. Man bewunderte meine hochgewachsene Gestalt, aber Onkel Richard liebte mich über alle Maßen. Sein Herz schlug nur für mich, den jungen Löwen, wie er mich gern nannte. Von den Freunden wurde Onkel Richard bald Löwenherz gerufen, und es dauerte nicht lange, da sagten das alle."

Die Turmuhr von St. Blasius schlug zum siebten Mal.

„Otto! Hör auf so zu reden!", Rüdiger vergaß den Vorsatz, Otto ernst nehmen zu wollen. „Man weiß ganz gut, dass Richard Löwenherz so hieß, weil er tapfer war und kämpfte wie ein Löwe. Löwen zierten daher sein Wappen! Ich habe es gerade in einer Broschüre zum Kaiserjahr gelesen, es waren sogar Bilder dabei!"

„Löwen? Schau genau hin, Rüdiger, das sind Leoparden, keine Löwen. Ich gebe aber zu, dass seine Leoparden meinen Löwen sehr ähnlich sehen. Wir wollten unsere Wappen angleichen, um dadurch unsere persönliche Verbundenheit zum Ausdruck zu bringen.“

Die Turmuhr von St. Blasius schlug zum zehnten Mal.

Sie waren bei dem Lindenbäumchen angekommen, das in der ruhigen Nacht wieder seinen betörenden Duft verströmte. War es die Dunkelheit, die Rüdigers Blick trübte oder der alte Wein? Ottos Bild wurde unscharf, bekam Risse, verblasste wie das Abziehbildchen, das er als Kind auf seinem Arm erfolglos zu konservieren versucht hatte. Und wie dieses Abziehbildchen wurde Otto immer schwächer sichtbar, bestand nur noch aus einem groben Raster …

Die Turmuhr von St. Blasius schlug zwölf.

… und war verschwunden.

„Otto!?“, Rüdiger verlor die Fassung. „Otto! Ottooo!!“, schrie er in die Dunkelheit des leeren Burgplatzes. „Otto wo bist Du? Mein Gott! Verdammt sei alle Wissenschaft! Verdammt! Verdammt!“

Otto war also nicht verrückt? Er hatte die Wahrheit gesagt? Hatte er, Rüdiger, nicht eine Ahnung gehabt, warum er die gehütete Flasche aus dem Anjou ausgerechnet heute Abend öffnen wollte? Natürlich um sie mit einem Kaiser zu trinken – aus dem 13. Jahrhundert! Wenn das kein Anlass war! Rüdiger lachte heiser. Er rannte einige Male rund um den Lindenbaum und dann nach oben in sein Büro. Er wollte sehen, ob dort die Gerippe von zwei Hähnchen lagen und ob aus zwei Gläsern getrunken worden war. Vielleicht hatte sich im Laufe der Jahre in dem alten Wein ein Halluzinogen gebildet?

Auch für Otto war die Welt immer fadenscheiniger geworden, bis sie verschwand und mit ihr ein Freund, ein Mensch aus Braunschweig, der dazu beigetragen hatte, dass er seinen Frieden mit sich machen konnte. Er trat durch das gläserne Portal.

„Guten Abend, Herr Braunschweig. War Ihr Aufenthalt angenehm?", die beiden Weißgekleideten blickten ihn gespannt an.

„Alles bestens", sagte Otto lächelnd, „schöner hätte mein letzter Tag nicht sein können. Ich bin jetzt bereit."

B konnte seine Neugierde knapp verbergen. Gerade wollte er Otto eine Frage stellen, als ihm A über den Mund fuhr: „Herr Braunschweig, wir freuen uns über den erfolgreichen Abschluss des Unternehmens und werden Sie nun endgültig der Ewigkeit überantworten. Wir schreiten zuerst zur Entkleidung, danach zur Dekorporation. Ruhen Sie in Frieden."

„Gewiß", sagte Otto und nickte den beiden Weißgekleideten mit einem letzten Gruß zu.

A beugte sich über einen blauen Laserlichtpunkt, der auf der blanken Arbeitsfläche seines leeren Schreibtisches leuchtete: „Hallo Energetikon? Wir bitten um Entgegennahme von 18051218-175 in die Ewigkeit."

Sein Kollege B vollzog ein paar elegante Handbewegungen auf seinem Schreibtisch, in den kaum unterscheidbare Bedienfelder eingearbeitet waren, und Otto wurde der Kleidung entledigt; dann senkte sich eine mannshohe und -breite, gläsern scheinende Säule über ihn. Während sie leise summte und klingelte, verloren die Konturen seiner Person schnell an Schärfe. Dann verschwand sein Bild im

Nichts. Als winziges, energetisches Pünktchen, das jedoch Abermillionen an Informationen enthielt, tauchte Otto IV. endgültig in die Unendlichkeit des Universums ein.

Eva Ehmke

Kaiser der Welfen – ein Heldengedicht

Dritter der Söhne von Heinrich dem Löwen,
erzogen von Richard, dem Oheim, in England.
Er mit dem Löwenherz formt' Euer Leben,
zum Ritter geschlagen hat Euch seine Hand.
Gefangen wart Ihr, vom Feind überrannt,
als Geisel auf Kreuzzug, sehr schwer zu erlösen.
Zwei Jahre mit Richard wart Ihr Feindes Pfand.

Der Kaiser ist achthundert Jahr' unvergessen!

Lasset Euch ehren, der Eine im Land!
Otto der Vierte, der Größte der Welfen!
Heute noch ist Euer Name bekannt.

Der Kaiser ist achthundert Jahr' unvergessen!

Heinrich der Löwe vererbt' sein Vermögen.
Er wies Euch den Weg schon als König nach
Deutschland.
Erbe sind Stadt und die Burg Haldensleben.
Trotz Gegnern, die hoben für Philipp die Hand
wart König Ihr bald und verlobt mit Brabant.
Doch Feind' sind die Staufer Euch immer gewesen,
bevor Ihr noch viere und zwanzig Jahr' alt.

Der Kaiser ist achthundert Jahr‘ unvergessen!

Lasset uns rühmen den Kriegsherrn von Stand,
Otto den Vierten, den Größten der Welfen!
Tapfer im Feld und als Ritter galant.

Der Kaiser ist achthundert Jahr‘ unvergessen!

Stark als ein Kämpfer, doch bereit zu vergeben,
erobert Ihr Orte in Süd- und auch Nordland.
Sieger zu sein ist Euch ständiges Streben
und reisend regiert‘ Ihr mit ritterlich‘ Hand,
stets streitend mit Staufern um weiteres Land.
Habt Frankreich, Italien, Deutschland durchmessen
an Höfen gefeiert, wer treu zu Euch stand.

Der Kaiser ist achthundert Jahr‘ unvergessen!

Groß Euer Name und weithin bekannt,
Otto der Vierte, berühmtester Welfe!
Feinde auch haben Euch Achtung gesandt.

Der Kaiser ist achthundert Jahr‘ unvergessen!

Schließlich hat Philipp sein Leben gegeben,
so wurdet ihr Kaiser trotz staufischen Einwands.
Sieger geworden als Einigung eben,
weil Philipps Kind Beatrix neben Euch stand.
Vom Papste gekrönt mit heiliger Hand.
Jahr zwölfhundertneun, es wird nicht vergessen.
Doch war es kein Anfang, wo Frieden entstand.

Der Kaiser ist achthundert Jahr‘ unvergessen!

Achtung gebührt Euch im Kaisergewand,
Otto dem Vierten, dank göttlichen Wesens.
Stark und so groß wie kaum einer im Land.

Der Kaiser ist achthundert Jahr‘ unvergessen!

Lange nicht blieb es ohn‘ Streit, Euer Lehen.
Die Staufischen forderten kämpferisch Gleichstand.
Heere nun zogen für Euch durch die Gegend,
doch aussichtslos blieb ganz am End‘ Euer Stand.
Besiegt kehrt Ihr heim ins Braunschweigisch‘ Land.
Geehrt und bewundert für mutvolles Wesen
verbrachtet Ihr hier letzte Jahre der Treuhand.

Der Kaiser ist achthundert Jahr‘ unvergessen!

Ruhet in Frieden und zu uns gewandt,
Otto der Vierte, der nicht mehr genesen.
Seht die Verehrung für großzügig‘ Hand.

Der Kaiser ist achthundert Jahr‘ unvergessen!

Marianne Zell

Kaiser Otto IV. als Geisel Heinrichs VI

Otto von Braunschweig, der Graf von York, der Sohn Heinrichs des Löwen schob angeekelt die Schüssel mit der undefinierbaren Grütze fort, die ihm der alte, abgerissene Mann, der ihn bewachte, gebracht hatte. „... so einen Fraß esse ich nicht," schüttelte er sich. Der alte Wärter grinste: „Wohl Besseres gewöhnt, junger Herr. Nur Wildbret kann er hier im Gefängnis der Burg nicht erwarten. Eurem Onkel allerdings, der vor euch einsaß, dem ging es besser. Aber der hatte, wie ihr wisst auch einen besonderen Namen! »Richard Löwenherz« Nur wie allgemein bekannt, hat er den nicht etwa wegen seiner Tapferkeit bekommen, sondern wegen der Hartherzigkeit mit denen er seinen Feinden und gar seinen eigenen Landsleuten begegnet, sofern er sich mal in England aufhält. Dann peinigt er sein Volk mit immer mehr Abgaben, hört man. Und *euch* lässt er nun hier schmachten." Der Alte kicherte und zeigte dabei die wenigen Zahnstummel, die er im Mund hatte. „Wagt nicht so über König Richard zu reden," brüllte Otto auf und sprang so heftig von seinem dreibeinigen Hocker, dass der umfiel und mit Krach auf den Boden schlug.

„Bei *ihm* in Aquitanien bin ich aufgewachsen. *Er* hat mich gelehrt, was ein Adliger meines Standes wissen muss. Er ist nicht nur ein großmütiger, tapferer Ritter sondern auch ein großartiger Reiter, ein Musiker, ein Poet…" *Und hegt mehr Minne für Männer als für Weiber…* dachte der Alte und verzog das Gesicht. „Was grinst er so blöde," schrie Otto." *Er* ist *nicht* zu vergleichen mit eurem blutrünstigem Kaiser Heinrich VI. und dem feigen österreichischen Herzog Leopold, der ihn in Erdberg an der Donau gefangen nahm. Einen Kreuzritter in Gefangenschaft setzen, das widerspricht dem Recht und …" „Nun stoppt eure kecken Reden, lieber Freund," unterbrach lauthals der andere den hochgewachsenen, jungen Mann, der ihn mit finsterer Miene anstarrte. „Nach der Einnahme Akkons hat Richard das Banner des Österreichers von den Mauern holen und durch den Dreck schleifen lassen und den Herzog mit Fußtritten traktiert. *Feige* wäre der Österreicher, wenn er nicht gehandelt hätte. – Ihr seid hier als Pfand in der Hand des Römischen Kaisers Heinrich VI. Und es ziemt euch nicht, gegen den Staufer zu hetzen. Auch wenn ihr der Sohn des Löwen seid. Vergesst nicht, dass die Staufer euch Welfen hassen. Euer Vater hat sich das selbst zu zuschreiben. Hätte er dem Barbarossa gegenüber seine Pflicht getan, dann…" Der junge Herzog hob zähneknirschend den Hocker hoch und setzte sich wieder. *„Mein Großvater war der Kaiser Lothar III.* Die Welfen sind ein uraltes Geschlecht im Gegensatz zu den Staufern," knurrte er. „Uraltes Geschlecht," hohnlachte der andere. „Auch ich gehöre einem *uralten* Geschlecht an, sonst würde ich *hier* nicht stehen. Auch *ihr* könnt nur von Adam und Eva abstammen. Und *eure Vorfahren* waren genauso bestialisch wie die der anderen großen Geschlechter, im Gegensatz zu meinem uralten Geschlecht, das sich über Jahrhunderte mühte nicht zu verhungern. Eure so gelobten Ahnen hatten kein Mitleid mit dem Volk, mit ihren Untertanen. Was hat denn euer welfischer Vater mit etlichen Städten und ihren Bürgern gemacht? Denkt an Halberstadt. Da sind nicht nur Schuldige umgekommen, die es vielleicht verdient haben. Wenn sich die Mächtigen bekriegen, geht es dem kleinen Mann an den Kragen. Mein Vater und mein Oheim sind von den Schergen eures Vaters bei den Kämpfen um die bischöfliche Burg Calbe an der Saale umgebracht worden. Nicht, dass ich *euch* das anhängen will, ihr ward noch ein Kind und nicht dabei, aber wäret ihr dabei gewesen, hättet ihr genauso gewütet." – Er spie auf den Boden, nahm die Schüssel mit dem, für den Grafen von York ungenießbaren Brei und verließ schnaubend und leicht hinkend den Raum.

Otto seufzte auf, stützte die Ellenbogen auf den derben Tisch und bettete den Kopf in seine Hände. Er hatte Hunger und bereute nun den Fraß nicht gegessen zu haben. Die Zeit im sonnigen Aquitanien fiel ihm ein. Er sah den blauen Himmel, das immer bewegte Meer, er hörte die Flöten und Tamburine der Spielleute, die ständig am Hofe seines Onkels waren. Er dachte an seine Großmutter, die ihn liebte. Die schöne, musische Königin Eleonore, nun 72 Jahre alt, die von ihrem Mann, Heinrich Plantagenet, König von England, Ottos Großvater – u. a. auf der Burg Salisbury – gefangen gehalten worden war. *Gefangen* dachte er, *jahrelang auch sie. Dann Richard, nun ich. Aber Richard soll, im Gegensatz zu mir, auf Trifels kein schlechtes Leben geführt haben. Saufgelage und ritterliche Spiele soll er mit seiner Wachmannschaft veranstaltet haben. Und gedichtet hat er.* Einer der Wachmänner, nicht der Alte vom heutigen Tag hatte ihm ein Poem des Onkels zugesteckt.

Schwach die Worte und stockend die Zunge, womit ein Gefangener seine traurige Lage beklagt; doch zu seinem Trost mag er ein Lied machen. Freunde hab' ich viele, aber ihre Gaben sind gering; Schande über sie, wenn unausgelöst ich armer Wicht zwei Winter schmachte hier.

Zwei Winter! Otto stöhnte. Wenn doch König Richard sich endlich für ihn einsetzen würde. Er, Otto war immer der Liebling des Löwenherz gewesen. *Warum nur tut er nichts für mich. Wegen ihm sitze ich hier in Gefangenschaft. Er ist frei. Auch wenn er sich den erpresserischen Plänen des Kaisers beugen musste. Richard hat nun sein Britannien als Lehen, der Staufer-Kaiser ist sein Lehnsherr, dieser Wicht, dieser Winzling.* Wie muss Richard Löwenherz zumute gewesen sein, als er von dem geharnischtem Trupp des Kaisers durch das Tal bei Annweiler auf den Trifels gebracht wurde. Er selbst, Otto, seit 1190 Graf von York, hatte nur Umrisse der Burg gesehen, da er in der Nacht eingekerkert wurde. Hoch lag sie. Mehr ahnte er nicht. Otto stand seufzend auf und lief zum Fenster um hinaus zu sehen. Ja hoch lag die Burg. Er sah nur den grauen Himmel und grüne Waldungen. Er fröstelte im Wind, der kühl in den Raum drang. Wie wird das hier im Winter sein, ohne Teppiche vor den Fenstern? Ob auch *er* über zwei Winter im Verlies schmachten muss, wie sein Oheim? Er wandte sich vom Fenster ab und lief zu der Pritsche, die ihm als

Bettstatt diente. Er schmiss sich auf sein Lager und zog die Decke über sich, die man ihm überlassen hatte. Die Bettstatt stank. Er selbst stank auch. *Jetzt ein Aufenthalt im Badehaus…*, dachte er wehmütig. *Ich hatte alles und habe es als selbstverständlich angesehen.* Ein normannisches Lied ging ihm durch den Sinn. Er summte es und Tränen traten in seine Augen. *Wenn meine schöne Mutter mich hier sehen könnte. Meine Mutter Maud, die Tochter Königin Eleonores.* Alle Töchter hatten die Schönheit ihrer Mutter geerbt. Hochgewachsen war Maud und trotz der sechs Kinder, die sie geboren hatte schlank. Im Juni 1189 mit nur 33 Jahren ist sie verstorben, nur wenige Tage vor ihrem Vater Heinrich II. von England. Otto dachte auch an seinen eigenen Vater Heinrich den Löwen. Die englische Prinzessin Maud überragte ihren Mann um Haupteslänge. Otto musste unwillentlich grinsen. Er selbst war nicht so groß wie seine Mutter, aber Gott sei Dank nicht so klein wie sein Vater. Doch der war ein Muskelpaket mit finsterer, männlicher Ausstrahlung. Intelligent, sachlich nüchtern, jähzornig, selbstsicher. Ich wünschte, ich wäre auch so selbstsicher, dachte Otto und biss sich wütend in die Hand. Dann hätte ich mich gegen das Ansinnen gewehrt, für den englischen König Richard als Pfand hierher gebracht zu werden. – Ottos Magen knurrte. Er stand auf, warf die Decke beiseite und lief zu dem Holzeimer, in dem Wasser zum Trinken war. Er schöpfte sich eine Kelle von dem, jetzt schon abgestandenem Nass und trank gierig. *Fast so gut wie der Wein in Aquitanien*, murmelte er ironisch und trank noch eine Kelle Wasser. Dann schmiss er zornig die

Holzkelle in den Zuber, dass das Wasser hoch spritzte und lief wieder zum Fenster. Er zerrte seinen langen, braunen Leibrock, der einer römischen Tunika glich eng um seinen Körper. Ein Falke zog am Himmel seine Kreise. Er beobachtete ihn. *Der ist frei*, dachte er wehmütig. Und wie seit Wochen, hörte er die schwarzen, vermaledeiten Krähen krächzen. *Verfluchte Vögel* dachte er. *Wann immer ich später Krähen begegne, werde ich an den verdammten Staufer denken.* – Von irgendwoher tief unten hörte er Stimmen und Gelächter. Dann hörte er schwere, unregelmäßige Schritte, die sich seinem Raum näherten. Der Alte kam wieder und brachte ihm Brot und Bier. „Vielleicht nimmt er *das Brot* gnädiger an," murmelte er und stellte das Gebrachte mürrisch auf den Tisch. Otto lief zum Tisch und griff gierig nach dem Brot. Sein Wärter guckte ihm zu, wie er sich das Brot in den Mund stopfte. „Was besseres haben wir Fußvolk des Kaisers auch nicht zu fressen," knurrte der Alte und blickte den jungen Menschen lauernd an. „Was ihr da gerade kaut ist meine Ration. Ihr dauert mich." Otto schaute ihn erstaunt an. „Warum macht ihr das?" Der Alte zuckte mit den Schultern: „Ich bin eben ein *Mensch*, dem *Mitleid* nicht fremd ist. Sagt, darf ich euch etwas fragen?" Otto war mit Kauen beschäftigt und nickte nur. Das Brot war ausnahmsweise frisch und schmeckte überraschend gut. Er spülte es mit einem Schluck Bier hinunter und sagte: „Fragt, was immer ihr wissen wollt." Der Alte wiegte nachdenklich seinen Kopf, verzog das Gesicht zu einer beinahe listigen Fratze und flüsterte: „Man erzählt, dass euer Oheim König Richard nach seiner

Rückkehr nach England sich mit Robin Hood verbündet hat, im Wald von Sherwood. Er hatte sich als Abt verkleidet und wurde von den Vogelfreien gefangen genommen." Otto guckte den Alten perplex an: „ Wie soll *ich* davon wissen? Ich bekomme keine Nachricht vom König von England. *Er hat* – mit wem?" Der Wärter grinste: „Robin Hood, der mit seinen Getreuen die Klöster erpresst und die Lösegelder unter die Armen verteilt, so heißt es." Otto schüttelte nachdenklich seinen Kopf: *„Robin Hood?* Ist mir nicht bekannt. Meine Großmutter, Eleonore hat vor Jahren die Nutznießer der Wälder vom Forstzins befreit. Vielleicht hat die Geschichte, die ihr mir erzählt, damit zu tun. Ich ahne es nicht. Aber es klingt gut. *Richard Löwenherz als Helfer der Armen.* Mein großmütiger Oheim," er lachte ironisch, „Der König mit den roten Haaren im Walde von Sherwood! *Warum nicht?*" Der zahnlose Alte hüstelte: „Und warum hilft er *euch* nicht? Warum lässt er euch hier so elend allein?" Otto machte eine abwehrende Handbewegung und sprach, entgegengesetzt seiner vorigen, verzweifelten Gedankengänge: „Er *denkt* an mich. Ich habe Vertrauen zu ihm. Macht ihr euch keinen Kopf um mein Wohlergehen. Nur hat er in Britannien momentan viel zu tun um sich seiner Ländereien wieder zu bemächtigen, die sein Bruder, »Johann ohne Land« während des Königs Abwesenheit verwaltet hat." Der Alte schnaufte grinsend: „Man erzählt, dass Richard das mit Hilfe seiner Mutter Eleonore, recht schnell gelungen ist. Der englische Klerus im Konzil zu Westminster zum Beispiel, hat jedem mit Exkommunikation bedroht, der gegen

König Richard etwas unternehmen würde. Denn König Richard ist der rechtmäßige Herr, heißt es. Gar der Erzbischof von Canterbury ist an seiner Seite und…" Der Alte hustete und konnte nicht weiter reden. Otto hatte sich den letzten Brocken Brot in den Mund gesteckt und von dem Bier noch einen Schluck getrunken. Er schüttelte sich. Bier? Wein zog er allemal vor. „Woher wisst ihr das?" Er kaute und blickte den Alten gespannt an. Der winkte lässig und noch immer hustend ab. „Herr, wir, das Fußvolk sind nicht gerade schlau aber *auch nicht tumb*. Wir hören, haben unsere Ohren überall. Und da keiner der hohen Herren glaubt, dass wir Armen, Blöden überhaupt denken können, reden sie in unserer Gegenwart als wären *wir* nicht vorhanden. Wir Armen, Blöden, Tumben benehmen uns also bewusst blöd und tumb *und lauschen*!" Otto nahm noch einen Schluck Bier aus dem Humpen, schüttelte sich wieder und prostete dem Alten zu: „Verzeiht mir. Auch ich hielt euch für – äh nicht für blöd, nein wahrlich nicht. Aber für – unsereins voreingenommen, nicht loyal, nicht…" Der Alte bleckte seine wenigen Zähne und nuschelte vergnügt: „Herr ich sagte schon, ich bin nicht tumb. Ich hörte, dass euch euer Oheim König Richard von Britannien sehr bald helfen wird. Ich hoffe ihr erinnert euch dann an einen Freund, den ihr hier auf der Feste gehabt habt. Euer Oheim war immer großzügig, er teilte mit seinen Kerkermeistern den Tischwein. Er war stets gut gelaunt, trotz seiner misslichen Lage und ergötzte sie mit seiner Redegewandtheit. Als er befreit von dannen zog, lagen ihm die deutschen Fürsten zu Füßen.

Wisst ihr, dass der Erzbischof von Köln ihn mit großem Pomp empfangen hat? Und der Herzog von Löwen in Antwerpen ebenso?“ Der Alte hatte sich während seiner Rede auf den Tisch gestützt und blickte seinen Gefangenen lächelnd an. Der strich sich mehrmals über seinen Vollbart und fixierte den Bierkrug. Dann sah er den Alten an: „Und warum erzählt er *mir* das? Ich kann meinen Wein nicht mit euch teilen. Wie ihr seht, bekomme ich keinen, nur dieses Bier hier, und das ist gar *eure Ration* sagtet ihr?“ Er schob ihm den Krug zu: „*Trinkt* das, was euch zusteht. Ich bin kein Freund vom Biere. Es schmeckt dumpf und macht Durst. Dann kann ich gleich Wasser trinken.“ Der Alte griff den Krug, erhob ihn und sagte: „Auf euer Wohl, Herzog von Braunschweig und Graf von York und darauf, dass Richard Löwenherz euch bald befreit.“ Er tat einen tiefen Zug und stellte den Krug auf den Tisch. „Warum ich euch das erzähle? Weil es mir Freude macht mich mit einem Grafen zu unterhalten. Weil ich mich oft hier auf der Burg langweile und damit ihr seht, dass das Fußvolk des Staufers sich nicht unbedingt hartherzig, roh und menschenverachtend benimmt, im Gegensatz zu vielen Abkömmlingen der uralten Geschlechter, zu denen ihr euch zählt. Wir sprachen darüber, als ihr die Grütze ablehntet, die ich mir einverleibt habe. Sie war nicht schlecht und dafür gab ich euch mein Brot.“ Er zupfte sinnend an seiner Nase und sprach weiter: „Und vielleicht erzähle ich das auch, in der Hoffnung bei eurem Abschied einen kleinen Obolus zu bekommen.“ Er guckte Otto verschmitzt an. Otto lachte laut auf und hieb mit der Hand auf den Tisch. „Erzschelm, nun lässt er die Katze aus dem Sack." Er stand noch immer lachend auf, ging zum Wasserbottich und nahm einen großen Schluck aus der Kelle. Dann drehte er sich zu dem Alten und versicherte ihm ernst: „*Ich* werde euch nicht vergessen. Ihr habt mir in den letzten kargen Wochen den ersten amüsanten Nachmittag bereitet. Und wenn ich einmal zum König gekrönt werde, sollt ihr euren Obolus bekommen. Das schwöre ich bei Gott," er hob die rechte Hand zum Schwur und sah seinem Kerkermeister zwinkernd in die Augen. Der grinste und erwiderte: „Dann kann ich noch lange auf mein Scherflein warten. Aber auch *ich* schwöre euch, dass ich ab heute für *euch, den Welfen* als König einstehe. Nur werde *ich* kaum nach meiner Meinung gefragt werden, so wenig wie *ihr* König werdet. Somit sind wir quitt." Lachend nahm er den leeren Bierkrug und das Holzbrett, auf dem das Brot gelegen hatte, nickte dem Herzog von Braunschweig und Graf von York fröhlich zu und verließ hinkend den Raum. Otto setzte sich grinsend an den Tisch, strich sich über den Bart und dachte: *Wenn ich König werde, soll Gott mich strafen, wenn ich mein Versprechen nicht einlöse.*

Lilly Fay

Otto IV.

Von Löwen umgeben
Von Löwen erzogen
Von Löwen geliebt

Kann furchtlos unter ihnen leben
Wird nicht von ihnen betrogen
Weiss, dass es Freundschaft gibt

Er bekommt viel geschenkt
Er bekommt viel Vertrauen
Er bekommt viel Macht

Sein Leben vom Glück gelenkt
Er kann auf Verbündete bauen
Erzfeinde erhalten die Acht

Das Erbe ist schwer
Der Besitz nicht genug
Der Reichtum blendet

Nach Italien lenkt er sein Heer
Begeht dadurch Betrug
Beginnt was seine Macht bald endet

Zum Kaiser gewählt
Nach zu viel Macht gestrebt
Er regierte

Gewonnen
Verloren
Otto IV.

JULIA KLOPPENBURG

„Dieser nichtsnutzige Bengel“

„Ahi, wie christlich jetzt der Papst lacht, wenn er seinen Italienern sagt, ‚Gut habe ich es gemacht‘! Er sagt ‚Ich habe zwei Alemanni unter eine Krone gebracht, damit sie das Reich zerstören und verwüsten.“

Walther von der Vogelweide

Ihr Braunschweiger veranstaltet Ausstellungen und Ritterspiele zu Ehren von Kaiser Otto und seinem 800 jährigem Krönungsjubiläum.

Otto, ich muss sagen, ich kann diesen ganzen Wirbel um Otto gar nicht verstehen. Wer war schon Otto? Wissen sie es?

Ich, ja ich, weiß es, wer wüsste es besser als ich.

Der nichtsnutzige Bengel von Heinrich dem Löwen, diesem Verräter, der meinem Vater in seiner größten Not im Stich ließ, obwohl er ihm alles, hören sie alles, sage ich, zu verdanken hat.

Otto und seine Welfen, ja sie waren groß darin, sich einzuschmeicheln und die Macht an sich zu reißen. Dabei waren wir Staufer immer das entscheidende Königsgeschlecht im römisch-deutschen Reich. Diese überheblichen Hofnarren von Welfen glaubten uns besiegen zu können und vor allem Otto hatte die Wahnidee, mir den Thron entreißen zu wollen, mir Philipp von Schwaben.

Otto, den sie mir als König entgegen gesetzten haben, diesen schwächlichen Jungen von grade mal 16 Jahren, der weder lesen noch schreiben konnte, obwohl er lange die Erziehung am englischen Hof bei seinem Onkel Richard Löwenherz genoss. Dieser Analphabet sollte mir gefährlich werden, mir der durch eine geistliche Ausbildung seine Bildung erhielt, das hatte Richard sich so gedacht.

Ich stand vor Ottos Stadt, eurem schönen Braunschweig, doch wo war er. Er ließ euch im Stich und trotzdem vertriebt ihr meine Männer, mit St. Auctor eurem Heiligen voran schreitend. Was hätte ich für eine Stadt wie eure gegeben. Ich hätte euch reicher belohnt, als mit Zollfreiheit und Königlichen Schutz. Doch auch ohne Braunschweig standen meine Sterne besser als die Ottos.

Wenn ich mich nicht selbst ins Verderben geschickt hätte. Es war nur noch eine Sache der, wie könnt es anders sein, deutschen Bürokratie, das ich Kaiser werde, da dachte ich, söhnst du dich mit Otto aus, wir sind ein Volk und ein Reich, und vermählte ihn mit meiner Tochter, der liebreizenden Beatrix. Wer hätte den ahnen können, dass ihr entlobter verlobter Otto VIII. von Wittelsbach so durchdreht und mich ermordet? Sie etwa?

So hatte es Otto doch geschafft, ich gönnte es ihm unter den Umständen ja auch, Kaiser zu werden. Mein Ideal von einem großen vereinigten römisch-deutschen Reich führte er eigentlich ganz gut weiter, so dass man schon sagen kann: Er war ein großer Europäer, da er auch Beziehungen nach England und Frankreich pflegte. Wie man allerdings so ein

Esel sein kann, gleich im ersten Jahr der Herrschaft den Papst heraus zu fordern und Sizilien einnehmen zu wollen, ist mir bis heute ein Rätsel. Verbannt fand so auch er als bald den Tod und mit uns wurde der Staufen-Welfen Konflikt begraben.

Otto, ja für mich war er kein angenehmer Zeitgenosse wie Sie sehen. Ich frage mich, wie dieser Tölpel mir Walther von der Vogelweide ausspannen konnte und wie dieser Dummkopf die Künste gefördert haben will, doch dies liegt wohl nicht in meinem Ermessen.

Ich habe ihn nur um eines im Leben beneidet und das war ihr schöne Stadt.

Hier tat er wohl wirklich Großes, wozu er auf dem Felde nicht in der Lage war. So bekamt Ihr hier nicht nur Zollfreiheit von ihm, auch die Pfarrerwahl für St. Martini war euch freigestellt und die Unterstützung beim Neubau der Klosterkirche in Riddagshausen. Warum er nun auch noch seinen Welfenschatz an ihren Dom übereignen musste, was ihn da geritten hat, ich weiß es nicht.

Otto, mein Rivale zu Lebzeiten, im Grabe haben wir beide Ruhe gefunden und wenn er etwas in seinem Leben bewirkt hat, dann für diese Stadt und ein hat Zeichen gesetzt in Europa. So heißen Sie ihn willkommen mit den Worten Walther von der Vogelweides : „Her Keiser, sid ir willekomen!“

Klaus Gossow

Die Mär von der hochmütigen Prinzessin Adelgund aus Lichtenberg, von König Otto von Braunschweig und dem blonden Recken Guntram von der Teutoburg

Vor Jahren und Jahren lebte auf der Burg Lichtenberg die schöne Prinzessin Adelgund, älteste Tochter der herzensguten Mutter Seelfried, die aus dem lieblichen Burgund stammte. Adelgund war schön wie ihre Mutter, schlau wie der Vater, aber sie konnte mit den Gaben, die ihr der Herrgott in die Wiege gelegt hatte, nicht so recht umgehen: Ein grenzenloser Stolz, mehr noch ein abgrundtiefer Hochmut bestimmte ihr Denken und Handeln.

So reagierte sie – noch nicht 17 Jahre alt – auf die Ankündigung des strengen Vaters, er wolle für sie einen Ehegemahl aussuchen, mit brüskierender Ablehnung. „*Den suche ich mir selbst aus. Aber wahrscheinlich wird sich keiner finden, keiner trauen, denn ich habe für den, der mich heiraten will, eine schwere, eine fast unlösbare Aufgabe.*“ Die Eltern ahnten nichts Gutes, sie dachten an Brunhild aus dem Land der Nibelungen, an Penthesilea oder Penelope von Ithaka. „*Mein späterer Gemahl auf Burg Lichtenberg muss einen feurigen Araber satteln und einmal auf der Mauerkrone rund um die Burg galoppieren.*“ – Viele Freier aus aller Herren Länder kamen in den nächsten Monaten auf die

Burg, aber ein um das andere Mal traten sie zwar mutig auf, stürzten aber teilweise schon nach weinigen Metern in die Tiefe zu Tode.

Dann kam das Weihnachtsfest AD 1204, König Otto IV. von Braunschweig, der später einmal Kaiser des Heiligen Römischen Reiches Deutscher Nation werden sollte, stattete der Festung auf dem Burgberg bei Lichtenberg hoch über der Handelsstraße von Minden an der Weser nach Halberstadt und Moskau, einen überraschenden Besuch ab und feierte – wie die Chronisten berichten – einen glänzenden Hoftag.

Viel wurde bei den Feierlichkeiten getrunken, gespeist und ritterlich gekämpft. Aber auch die heimliche Liebe blühte. Einer aus der „Artus-Runde" des Braunschweiger Herzogs hatte es Prinzessin Adelgund besonders angetan: ein blonder Recke aus dem Hause der Teutoburger, die sich als besonders treue und tapfere Gefährten ihres Königs erwiesen hatten. Auch er fand Gefallen an Prinzessin Adelgund. Schon wollte sie ihn – trotz allen Verstoßes gegen die adlige Etikette – umarmen und küssen … da fiel ihr ein, dass sie die Bewährung ihres Zukünftigen, den Ritt auf der Mauerkrone nicht einfach fallen lassen durfte. So blieb sie auf Distanz. Aber sie konnte dem blonden Ritter beim Abschied noch zuflüstern: *„Komm zu Ostern mit Deinem kühnsten Araberhengst wieder!"* Er nickte unmerklich, er hatte verstanden, kannte er wohl das etwas außergewöhnliche Auswahlverfahren für den zukünftigen Ehemann der schönen Prinzessin von der Burg Lichtenberg. So lächelte er geheimnisvoll vielsagend und verschwand.

Als der König und seine Mannen wieder auf der Burg Dankwarderode im Rittersaal tafelten, bat der blonde Ritter, er hieß Guntram von der Teutoburg, seinen König zu Ostern den starken Araberhengst Shafiri nehmen zu dürfen, um der Burg in Lichtenberg einen zweiten Besuch zur Brautwerbung abzustatten. Der König willigte scheinbar freudig ein, denn er war ein gütiger Monarch. Nichts lag ihm mehr am Herzen als das Glück seiner Getreuen. Innerlich aber war er hin und her gerissen: er selbst, der große König der Deutschen, hatte ein Auge auf die Prinzessin geworfen. Aber er wäre nie auf den Gedanken gekommen, Guntram dessen Bitte abzuschlagen, damit er selbst um die Schöne auf der nahen Burg freien konnte.

So kam denn der Tag der Auferstehung des Herrn, die Frühlingssonne schien durch die Buchenwälder; da begehrte Guntram mit seinem starken Araberhengst Einlass am Tor mit der Ziehbrücke über den Wallgraben, um die waghalsige Reiterprüfung zu bestehen. Als Prinzessin Adelgund ihn sah, zersprang fast ihr Herz. In den langen Wintermonaten war ihre Liebe, ihre Sehnsucht ins Unermessliche gestiegen. Nun sollte möglichst bald die Erfüllung all ihrer Träume kommen.

Flugs eilte sie zum Vater, warf sich vor ihm auf die Knie und flehte: „*Vater erlass' ihm, für den mein Herz entbrannt ist und dem ich einen Prinzen schenken will, diese harte Prüfung.*" Der Vater aber schaute starr über sie hinweg, er war ein Mann der Gerechtigkeit, mit der er auch sein Lichtenberger Völkchen schon über Jahrzehnte führte. Auch die Herzogin, immer noch jung in Geist, Seele und Körper, fühlte für den jungen, mutigen Ritter. Sie zog den Kopf ihres Gatten herunter und flüsterte ihm zu: *„Wenn er nicht zum Ziel kommt, werde ich Dich verlassen."* Der Herzog erschrak, aber er blieb hart, und er dachte bei sich: Manchmal muss ein Mann tun, was ein Mann tun muss. Und da war der junge blonde Prinz im weißen Ritterrock auch schon auf seinem Rappen in wildem Galopp auf der Mauerkrone. Schnell und trotzdem sicher war er auf der Reise. Die hochmütige Prinzessin Adelgund kniete immer noch an der gleichen Stelle vor ihrem Vater, hatte die Hände gefaltet und verfolgte bangen Herzens den waghalsigen Ritt des blonden Freiers, den sie so gerne heiraten wollte. Schon als der waghalsige Fremde auf den letzten Metern war, sprang sie auf und eilte auf ihn zu. Der weiße Ritter aber auf seinem schwarzen Araber setzte zu einem großen Sprung an, flog über die Prinzessin hinweg und galoppierte in Richtung Burgtor. Dort hielt er sein stürmisches Pferd an, wandte es um und rief der Herzogsfamilie zu: *„Adelgund, kennst Du das Sprichwort nicht? Hochmut kommt vor dem Fall. Und Ihr, harter Herzog. Bedenkt' in Zukunft, dass Regentschaft auch etwas mit Herz zu tun hat."* Rief's, und der Araber wollte schon abspringen. Da wandte sich der blonde Prinz noch einmal um. *„Frau Herzogin! Meine tief empfundene Verehrung."* Schon war er entschwunden und ward in Lichtenberg nie mehr gesehen.

Blind vor Enttäuschung, geblendet von Hochmut und Wut stürzte sich Prinzessin Adelgund von der Höhe des Bergfrieds in den Tod. Als die Kunde vom Freitod der schönen Prinzessin Adelgund König Otto IV. in der Braunschweiger Burg zu Ohren kam, verfiel er in tiefe Trübsal über Jahre und Jahre. Für eine Heirat war er nun bald zu alt. Wieder einmal hatte der stattlich kühne Herrscher, der so Tapfere in der ritterlichen Streitbahn, sein Herzensglück nicht finden können. Jahre später wiederholte es sich auf fast grausame Art und Weise, als Beatrix – was doch eigentlich die Glückliche heißt – seine Ehefrau mit noch nicht einmal 14 Jahren, schon kurze Zeit nach der Hochzeit starb. Adelgund von Lichtenberg ist ihm trotz Beatrix und Maria von Brabant, seiner zweiten Ehefrau, nie aus dem Sinn gegangen.

Das Herz der Herzogin Seelfried auf der Burg Lichtenberg schlug weiterhin für den Prinzen von der Teutoburg, wie es schon bei dessen Mauerritt, also seit ihrer ersten Begegnung gewesen war. Nach kurzer Zeit verließ sie den Lichtenberger, der in tiefe Trübsal gefallen war und eilte auf die Teutoburg. Seelfried schenkte ihrem neuen Gemahl fünf Söhne. Viele Jahre später, als den Lichtenberger Herzog die Dunkelheit des Herzens schon übermannt hatte, tauchten vor der Burg fünf junge Ritter auf. Später sagten viele, durch ihre Söhne sei Seelfried wieder auf die Feste des Lichtenberger Burgbergs zurückgekehrt. Ausgelassen feierten sie die Stätte, an der sich ihr Vater und ihre Mutter kennen und lieben gelernt hatten.

Und wenn sie nicht gestorben sind, … nein, eher Moral und praktische Nutzanwendung:
ad 1: Herr König, auch in der Liebe gilt die Losung: Sofort beherztes Zupacken ist besser als zweifelndes Zaudern. Nach einer Liebesniederlage Trübsal zu blasen, setzt der Lebenslüge die Krone auf.

ad 2: Zum Thema „Feuriger Jung-Ehemann und in der Liebe erfahrene Alt-Ehefrau“ sei an einem gewissen Siegmund Freund erinnert. Jahrhunderte später wird er die wahre Begebenheit aus der Zeit König und Kaiser Otto IV. zu einer seiner zentralen Thesen in der Psychoanalyse machen. Er formuliert: Die von den Vorfahren übernommene romantische Lebensweisheit: „Du Jungmann auf Freiersfüßen! Wenn Du wissen willst, wie Deine Holde in 20, 30 Jahren aussehen wird, schau Dir die Mutter an!“ ist vom Grundsatz her weiterhin richtig. Indes: bei positivem Ausgang dieser Prüfung ist anzuraten, gleich die Mutter zu nehmen!

Ritter Claas vom Stukkeberge, AD 2009

Paul Hugo

Kaiser Otto IV. in Lunsen

Sie kennen Lunsen? Gut! Nicht? Also!

Das 500-Seelen-Dorf gruppiert sich um St. Cosmas und Damian. Die erste Kirche von 977 blickte noch unmittelbar aber einsam von einem Hügel herab auf die gemächlich treibenden Flöße und Boote auf dem Weserwasser, die flussaufwärts der nahen Bischofsstadt Bremen zustrebten, nachdem zuvor die Heiden an diesem Platz ihren Dämonen geopfert hatten. Die heutige dritte Kirche an gleicher Stelle hat sich inzwischen vom Fluss fünf Kilometer entfernt, richtiger: der Fluss von der Kirche.

In der heutigen Kirche hat sich nun ein heimtückischer Diebstahl zugetragen. Der Anzeigende gibt zu Protokoll, er habe eine kleine bauchige antike Kupferkanne in Verwahrung gehabt, darin sei ein altehrwürdiges Schriftstück mit einem äußerst kostbaren Text in mittelhochdeutscher Sprache eingeschlossen gewesen. Eine moderne Fotokopie des Schreibens konnte gleichzeitig mit einer vor mehr als hundert Jahren ins Hochdeutsche übersetzten Fassung aufgetischt werden. Doch konnten ein Beleg weder über das Alter des Dokuments noch für die Richtigkeit der Übersetzung und schon gar nicht ein Beweis über die behauptete Existenz der als gestohlen gemeldeten Dinge beigebracht werden.

Die Polizei hat Gott sei Dank das unerhörte Ereignis schnell aufklären können. Jetzt sind die regionalen Medien elektrisiert vom Diebesgut, das sich in einer mittelalterlichen Ampulle befinden soll. Darin sei ein archaisches kaiserliches Schriftstück aus Barbarossas Zeit enthalten, wird kolportiert; ein intimes antikes Dekret, wird behauptet; gar eine ketzerische Verfügung, wird vermutet. Es wird spekuliert, was das Zeug hält, aber niemand weiß Genaues.

Ich weiß es. Wie sich die Geschichte, die das Dokument berichtet, zugetragen hat, ist schnell erzählt.

„Was nun, was tun?" spricht der Bischof vor sich hin und blickt nachdenklich auf den belebten Marktplatz. „Der tumbe König ‚Johann ohne Land' hat sich auch mit Unterstützung des Kaisers keine Scholle auf dem Festland erworben und sich auf seine angelsächsische Insel zurückgezogen. Der Welfenkaiser Otto wird wohl auch bald nur noch auf den satten Äckern von Braunschweig sitzen."

„Ja, was nutzt ihm jetzt das Zepter des deutschen Kaisers," spottet der Sekretär des Bischofs von Bremen.

„Siegfried von Lichtenberg hat in Ottos Braunschweiger Stammlanden gerade das Amt des Bischofs von Hildesheim übernommen," doziert Bischof Gerhard von Wildeshausen. „Gemeinsam könnten Wir ihm wohl das Erbe des Löwen von Braunschweig streitig machen."

„Oh, Herr Bischof, er ist ein rabiater Raufer, der Herr Kaiser, wie man hört," lässt sich der Sekretär erschrocken vernehmen.

„Der Däne Waldemar hat ihm heuer zum zweiten Mal erfolgreichen Widerstand geleistet," hält Bischof

Gerhard unverdrossen Zwiesprache mit sich selbst. „Vielleicht können Wir unseren Herrn Kaiser von seinem Katzenjammer befreien. Außerhalb der Bremer Tore mag er von seinen Kriegsgelüsten Ruhe finden. Wir werden sehen, ob er noch Macht besitzt. Du siehst, Ekke, sobald Löwen und Adler zu Hofe hungern, krächzen die Aasfresser von den Mauern."

Ekke lacht verlegen, nicht wissend, wie er den Sarkasmus deuten soll und ob er sich das Lachen leisten darf. Schnell findet er ein passendes Thema: „Mein lieber Herr Bischof, der Papst wird den Bann gegen den Kaiser nimmermehr aufheben. Es ist wohl an der Zeit, dass sich auch endlich Bremens Bürger von dem Gebannten lossagen. Da draußen auf dem Marktplatz werde ich gern mit Ihrer Erlaubnis das Feld bereiten."

Solch abtrünnige, niedere Überlegungen überhört ein ehrbarer Bischof. Das Wohlergehen seiner Schäfchen und seines Bistums hat ihm am Herzen zu liegen. Der Augenblick ist günstig, um die weltliche Macht und das Allodium seines Bistums zu vergrößern.

Die von den vielen Kriegsfahrten ermüdeten Kriegerhaufen hat Kaiser Otto IV. bei seiner Rückkehr aus dem dänischen Holstein größtenteils bereits entlassen. Nur eine kleine Schar seiner Reisigen befindet sich noch in seiner Begleitung zurück nach Dankwarderode.

Der Kaiser ist froh, dass ihm auf der Durchreise vom Bremer Bischof auf dessen Gut Dettenhusen geborgene Nachtruhe geboten wird. Doch wird die vermeintliche Geborgenheit schon bald nach Eintritt der abendlichen Dämmerung von lauten Rufen gestört: „Zu den Waffen!“ Der Herrscher des Abendlandes ist verzagt; nirgendwo im Deutschen Reich ist man vor Mord und Totschlag sicher, der Kaiser zuallerletzt. Immer und überall muss er über der Wehrkleidung mit seinen Waffen gegürtet sein, Tag und Nacht, und griffbereit muss der Schild neben dem Schlafenden liegen. Befindet er sich nicht auf diesem Gutshofe unter Freunden, zumindest Verbündeten? Doch alle trachten nach seinem Hab und Gut, seiner Krone, seinem Leben. Auch der Bischof kann ihn offenbar nicht schützen, – oder ist der gar der Friedensstörer? Ein Bettelmönch in härener Kutte stand unerwartet auf dem Hofe und hatte verlangt, vor den Gefährdeten geführt zu werden. Zusammen mit einem Krieger und Ottos vertrauten Truppenführer trat er vor seinen weltlichen Gebieter.

Der Mönch verbeugt sich kurz. „Eine Mörderbande ist im Anmarsch. Es muss schnell gehandelt werden, Herr Kaiser, es ist keine Zeit zu verlieren. Nehmen Sie bitte meine Obhut an, denn ich kenne einen sicheren Schlupfwinkel, in dem Sie nimmer entdeckt werden.“

Draußen im Hof rumort das verbliebene Truppenkontingent. „Ich bin gewappnet, ich will mich nicht verstecken. Wir werden die Verbrecher züchtigen.“ Der Kaiser zeigt sich entschlossen.

„Sie, Herr Kaiser, und das Reich sind in großer Gefahr.“ Sein Offizier deutet auf seine Begleitung. „Aber unter deren Schutz werden Sie die heimatliche Burg sicher erreichen. Diesen beiden können Sie sich getrost anvertrauen. Ich werde Ihren Fluchtweg zu verteidigen wissen, mein Kaiser." Damit ist der treue Befehlshaber seiner Truppe schon wieder verschwunden.

Kaiser Otto IV. war schon häufig in großer Bedrängnis, aber solche Not war noch nie über ihn gekommen. In einem mit gewaltigen Steinen ausgekleideten Raum, ähnlich einem vorzeitlichen Steingrab, unter dem Boden der hölzernen Saalkirche von Lunsen, wie ihm gesagt wurde, muss er sich auf Gedeih oder Verderb einsperren lassen. Nein, es ist kein verdorrtes Gerippe, nein, das Grab war leer, – es ist die nicht gestellte Frage, die dem hohen Herrn den Schweiß austreibt. Es ist diese Frage, die er nicht gestellt hat: „Kann ich denn wohl allein von innen den schweren Schlussstein hinwegdrücken, wenn mir von außen keine Hilfe kommt?"

Modergeruch umgibt ihn und brütende Hitze, als er sich vorstellt, dass womöglich das schwere Kirchengebälk, von seinen verbrecherischen Verfolgern in Brand gesetzt, auf sein Gefängnis stürzt. Und bis der gedemütigte Kaiser des deutschen Reiches endlich in einen von tiefer Erschöpfung erzwungenen Schlaf fällt, haben ihn alle möglichen Albträume, Schreckgespenster und Rachegeister gefoltert.

Nach unvorstellbar langer Zeit hört der Eingeschlossene schließlich die vereinbarten Klopfzeichen. Als daraufhin mit dem Beistand des als Mönch erschienenen hilfreichen Priesters und seiner eigenen Kraft der Stein beiseite geschoben ist, hat die nächste Nacht schon schützend ihre Finsternis um den Heimkehrer gewoben. Eine herrenlose Mähre, von seinem Wohltäter, dem Lunsener Priester, auf der

Walstatt der vergangenen Nacht aufgespürt, trägt, umhüllt von einer härenen Mönchskutte, den Herrscher des Reichs einsam durch die Nacht.

Allein, – denn seine ganze Schar der allertreuesten Kämpfer liegt von niederträchtiger, ehrloser Mörderhand erschlagen auf dem Feld – , trottet er gespenstisch durch sein Land. Verlassen von den Fürsten, hoffnungslos, niedergebeugt und ausgezehrt erreicht Kaiser Otto IV. seine Burg Dankwarderode.

Das kostbare Dokument in der gestohlenen Kupferkanne der Kirche von Lunsen ist nach polizeilicher Sicherstellung von Fachgelehrten eingehend untersucht und als echt erkannt worden. Die nunmehr beglaubigte Übersetzung lautet wie folgt: „Ich, Widekind von Hoya, dahier zu Lunsen zum Priester ernannt, gebe hiermit zu wissen, dass im Jahre des Herrn 1216 mein hoch verehrter Fürst und Gebieter aus dem Hause der Welfen, Kaiser Otto, sich nach einem erbarmungslosen Überfall auf den Bremer Bischofshof Dettenhusen hierher hat retten können. Allhier in der Kirche von Lunsen habe ich ihm Zuflucht gewähren können vor den abscheulichen Mördern in einem geheimen, von mir selbst kurz zuvor unter dem Altar unseres Allerhöchsten im Erdreich entdeckten, vormals von den Heiden geschaffenen engen Gelass. Die Nachricht, ein Anschlag sei geplant auf unseren höchsten Herren hier auf Erden, wurde mir gerade so rechtzeitig zugetragen, dass ich ihn erfolgreich warnen konnte. Seine armen Begleiter – Gott hab sie selig – , die sich den Missetätern mutig entgegen gestellt hatten, sind alle erschlagen worden. Mein irdischer Herrscher von Gottes Gnaden aber hat durch des himmlischen Herrn Fügung und meine Hilfe sein Leben erhalten können. Es geht das glaubhafte Gerücht, mein ehrloser Vetter Ekke, Ministerialer des Bischofs von Bremen, habe die schnöde Mörderbande gedungen. Daher muss ich das schändliche Ereignis still in meinem Innersten bewahren, auch wenn Kaiser Otto glücklich seine feste Burg erreicht hat. Nur diesem Pergament, das irgendwann zu Tage kommen wird, vertraue ich mein arges Abenteuer an. Gott, der Herr, möge mir meinen anmaßenden Stolz verzeihen.

Lunsen, im schicksalhaften Jahre des Herrn 1216"

Vermerk. Der hier bekannt gemachte Mordversuch an Kaiser Otto IV. vor fast 800 Jahren konnte im Zuge der polizeilichen Ermittlungen d. J. 2009 auch durch sorgfältiges Studium der Quellen nicht zweifelsfrei geklärt werden.

Thomas Ostwald

Der Streit um des Kaisers Bart oder: Wie sah der Welfenkaiser Otto IV. aus?

Zum Kaiser-Otto IV.-Jahr scheint sich nun in Braunschweig auch ein Streit anzubahnen, der buchstäblich „um des Kaisers Bart" geht. Schon um Karl den Großen wie um Friedrich I., genannt „Barbarossa", gab es solche Streitgespräche und Diskussionen. Die Redewendung *„Um des Kaisers Bart streiten"* verwendet man gewöhnlich, wenn es einen Streit um sinnlose Dinge gibt, die man wahrscheinlich gar nicht entscheiden kann. Die Redewendung entstand vermutlich aus der lateinischen Wendung *„de lana caprina rixari"*, was so viel wie „um Ziegenwolle streiten" bedeutet. Schon Horaz machte sich in seinen Episteln über die Streitfrage lustig, ob man Ziegenhaare wie beim Schaf auch als Wolle bezeichnen dürfte, im englischen gibt es die Variante: *„to contend about a goat's wool"*.

Im Falle des Kaisers Friedrich I. Barbarossa, der diesen wenig ehrenvollen Beinamen in Italien erhielt, ist die Sachlage ziemlich eindeutig, zeigt ihn doch schon eine Abbildung in einem Codex von 1188 (Vatikanische Bibliothek) mit einem roten Bart dargestellt.

Wie hat nun Otto IV. ausgesehen? Wie bei den meisten Abbildungen mittelalterlicher Herrscher müssen wir davon ausgehen, dass es keine authentische Porträtabbildung gibt. Wer jedoch bemängelt, dass im Kaiser-Otto IV.-Jahr der Darsteller einen kräftigen Bart trägt, verkennt die Gepflogenheiten des Mittelalters. Während die meisten Würdenträger im frühen Mittelalter tatsächlich bartlos auftraten, ist von Kaiser Otto I. (912-973) überliefert, dass er *„einen reichlich niederwallenden Bart, und dies gegen die überlieferte Sitte"* trug. Seine Ministeralen trugen einen kurzen, gegabelten Kinnbart und einen Schnurrbart, der unterhalb der Nase ausrasiert wurde. Dann kam von Frankreich her die Mode auf, bartlos zu sein. Als Herzog Heinrich III. 1043 die Fürstin Agnes von Poitou heiratete, empörten sich deutsche Geistliche dass *„die schändliche Mode französischer Albernheiten eingeführt wird, nämlich das Scheren der Bärte, die überaus anstößige, schamhafte Blicke verletzende Kürze und Hässlichkeit der Kleider und viele andere Neuerungen, die aufzuzählen zu lange dauert"*. Das glatt rasierte Gesicht war nämlich dem Stand der Geistlichen vorbehalten, in den Klöstern unterschied die Laienbrüder, *„fratres barbati"* genannt, der Bart von den glatt rasierten, geweihten Priestermönchen. Doch selbst die Mönche rasierten sich nicht täglich, sondern zweiwöchentlich.

Zwischen 1050 und 1150 rasierten sich alle nordeuropäischen Männer mehr oder weniger regelmäßig, und nicht nur die Oberschichten. Allan von Lille berichtet um 1160, dass die jungen Männer *„dem spießenden Bart mit dem Rasiermesser mit steter Heimtücke nachstellen, damit auf diesem Weg nicht eine Winzigkeit sich erdreistet, hervorzukeimen"*. Dann aber kam die Mode auf und verbreitete sich schnell in Nordeuropa, wieder Bart zu tragen – und alte Abbildungen zeigen diese prächtigen Bartträger, wie z. B. die Bildtafeln mit sächsischen Fürsten des 8. bis 15. Jahrhunderts in der Pergamenthandschrift Cod. Guelf. Weißenburg in der Herzog-August-Bibliothek, Wolfenbüttel. Die überwiegende Mehrheit der Dargestellten trägt einen Bart, darunter auch die Braunschweiger Herrscher. [1)]

Otto IV. Darstellung als Statuette auf dem Karlschrein in Aachen aus der Zeit um 1209/1215 lässt durchaus die Vermutung zu, dass der Kaiser ebenfalls Bartträger war. Die leichte Strichelung am Kinn könnte auf einen Bart hinweisen.

Ein weiteres Indiz für den Bart ist die Abbildung der Herrscher auf der für ihn angefertigten Scheide des Reichsschwertes anlässlich der Königskrönung 1198 in Aachen. [2)]

Ein Siegel König Ottos IV. von 1198 zeigt ihn bartlos mit Reichsapfel und Lilienzepter sowie dem Königsmantel. Ein weiteres Siegel an einer Urkunde von 1209 zeigt ihn jedoch bärtig, wie auch sein Ringsiegel, das er vermutlich für private Zwecke verwendete. [3)] Auf dem Ausschnitt könnte man die Kinnpartie mit einem leichten Kinnbart bedeckt vermuten.

Allerdings wird niemand ernsthaft annehmen, dass die Abbildungen auf Siegeln oder gar den Silbertalern, den Brakteaten, Porträtcharakter aufweisen. Hier ging es nicht um detailgetreue Wiedergabe eines Herrschers, sondern um die symbolische Darstellung seiner Macht. Nimmt man aber alle Wahrscheinlichkeiten zusammen, berücksichtigt dabei die vorherrschende Mode der Zeit, die uns bereits auf Abbildungen des Hochmittelalters Bartträger zeigt, denken wir an die zahlreichen Umritte, die König Otto durch sein Reich vornehmen musste, und die ihn schließlich als Kaiser bis zur Schlacht von Bouvines 1214 ständig in Bewegung hielten, so ist eigentlich verständlich, wenn er sich als reifer Mann zu einem Vollbart entschloss. Indes: Vollständig klären werden wir das nicht mehr können, deshalb frei formuliert: *In barte voluptas!*

[1] in: Heinrich der Löwe und seine Zeit, Band 3, Braunschweig 1995, S. 111).

[2] in: Heinrich der Löwe und seine Zeit, Band 1, S. 344 sowie detailliert in Band 2., S. 365, Braunschweig, 1995).

[3] in: Heinrich der Löwe und seine Zeit, Band 1, S. 330 f).

Lutz Tantow

Jordan von Walkenried

Der 19. Mai war ein sonniger Tag und man hätte meinen mögen, dass jedermann voll Tatendrang frisch ans Werk gehen wollte. Dieser Morgen lud geradezu ein sich auf den Weg zu machen. Trotzdem kam Jordan viel zu spät los. Nicht, dass Müßiggang ihn gepeinigt hätte – das Wort gehörte womöglich gar nicht zu seinem Sprachschatz. Niemand war fleißiger in der gesamten Bruderschaft. Er war um vier Uhr aufgestanden und hatte nach dem Frühgebet sein Tagwerk begonnen wie ehedem. Hatte das Kräuterbeet umsorgt, das Frühstück bereitet, die Pläne und zwei Schriftrollen aus dem Scriptorium geholt, war dabei in der Bibliothek über einem Werk versunken, das die Wohltaten ihres Kaisers pries, bis schließlich Gerfried erschien, sich anerboten hatte, für alles weitere zu sorgen und ihm bedeutete, es sei hohe Zeit.

Jordan verließ das Kloster Richtung Norden, prüfte noch einmal die Stabilität der Gerüste auf der Wiese, wo dereinst, dessen war er so sicher, das imposante Kirchenschiff unzweifelhaft demonstrieren würde, wo die wahre Macht zu Hause war. Er hoffte heute noch bis zur Harzburg zu kommen und tags darauf nach Riddagshausen. Man hatte ihn gebeten sich die Sümpfe anzusehen. Die Brüder wollten nicht das ganze Land um ihr Kloster trockenlegen, sondern Teiche anlegen und Fische züchten. Sie wussten, dass Jordan von Walkenried, der eigentlich aus Gelderland stammte, ein Experte auf dem Gebiet war, und so hatte man nach ihm geschickt.

Sein Weg führte zunächst den Eseltreiberpfad hinauf und dann über – er mochte das Wort nicht gerne im Munde führen – den sogenannten Heidenstieg. Er war seit Alters her die Harzquerung. Dieser Handelsweg müsste eigentlich, so dachte Jordan bei sich, während große Schritte ihn schnell voran brachten, Kaiserweg heißen: In Erinnerung an die erfolgreiche Flucht Heinrichs IV. von seiner Harzburg in den Schutz unseres Klosters und weiter nach Tilleda. Das war jetzt – Jordan rechnete kurz – 145 Jahre her und ihm selbst nur aus der Überlieferung gewahr. Was er aber selbst erlebt hatte war, wie sein Kaiser Otto mit seinem ganzen Heer vor genau zehn Jahren hier über den Harz gezogen war auf seinem Pilgerweg zur Krönung nach Rom. Bloß gut, dass das gemeine Volk in Geschichtsdingen nicht so bewandert ist. Sollen die ungläubigen Kutscher, die hier allenthalben Handelsgüter und Erze aus dem Rammelsberg transportieren, den Weg weiterhin nach dem bezeichnen, was sie selber sind. „Und wenn dereinst ihn doch jemand als Kaiserweg benamste", rief Jordan jetzt in den Morgentau hinein, „dann nach unserem geliebten Welfen, der sich wie kein zweiter Herrscher der Förderung unseres Zisterzienser-Ordens verschrieben hatte – lang lebe Otto IV."!

Als habe ihn diese Huldigung Beine gemacht, erhöhte Jordan seine Schrittfrequenz. Hinter dem Eichberg war ihm stets daran gelegen, schnell am Ravensberg vorbei zu sein, der ein Vulkan gewesen sein soll, was schon sehr lange zurück liege, aber man könne ja nie wissen. Dass er als freier Mönch in dieser Zeit auf Gottes Weg unbeschadet durch die Wildnis wandern konnte, verdankte er keinem Geringeren als dem Kaiser selbst, der offiziell zwar nicht mehr Kaiser war, es für jeden frommen Mann aber auf immer blieben würde. Niemals hätte Jordan mit den Brüdern sein Teich-Projekt verwirklichen können ohne die großzügige Unterstützung ihres weltlichen Herrn. Dessen Vater hatte die Region befriedet und den Samen gesät, sein Sohn war angetreten, sie erblühen zu lassen. Und Bruder Jordan durfte nicht nur Zeuge dieses wundersamen Wohlstands sein, er konnte sein Bestes dazu beitragen und wollte es gerne tun.

Lobpreisend setzte er seine Wanderung fort. Er erreichte den Kapellenfleck zur rechten Zeit für das Gebet und legte eine Rast ein. Gerfried hatte dem Bündel ein wenig Wein und frisches Brot beigefügt. Doch Jordan trank aus der nahen Quelle, die mehr erfrischte, und war entschlossen, den Trunk für die zweite Tageshälfte zu bewahren. Allzu lange durfte er nicht verweilen, obgleich ihm dieser Platz am Herzen lag. Er bot Schutz und war ihm heilig. Bei seiner Rückkehr würde er dem Abt Friedrich einen Vorschlag unterbreiten, hier wirklich einmal eine Kapelle zu errichten, die dem Ortsnamen zur Ehre gereicht. Gestärkt und ausgeruht schritt er erneut frisch voran. Bislang gings auf dem Höhenkamm, wo es hell und freundlich war – aber der Abschnitt jetzt ging durch tiefen Tann, wo es dunkelte, als käme bald der Abend, wo es dem Reisenden gruselte, wenn der Wind in den

Wipfeln rauschte und wo die Gefahr eines Überfalls immer einkalkuliert werden musste.

Jordan versuchte sich mit Entwässerungsplänen abzulenken. Man hatte ihn nach Walkenried geholt, um die Sümpfe trocken zu legen. Sie hatten den Zisterziensern in der sonst fruchtbaren Gegend schwer zu schaffen gemacht, hatten Krankheiten befördert und Heilungen verhindert. Das Gelände zwar unzugänglich und damit ein natürlicher Schutzwall, aber gleichzeitig doch auch unbrauchbar. In Gelderland wussten sie, wie dem zu begegnen war und diese Expertise war nunmehr auch Walkenried zugute gekommen. Gemeinsam mit der Bruderschaft hatte Jordan ein ausgeklügeltes System von Gräben und Sammelbecken auf unterschiedlichen Höhen-Niveaus angelegt. So entstanden die Teiche, insgesamt 365 – für jeden Tag im Jahr einer. Zisterzienser waren geschickt in der Fischzucht, sie produzierten bald mehr als sie brauchten und konnten mit Handel den Wohlstand des Ordens mehren.

Diese wundersame Entwicklung wäre ohne die finanzielle Unterstützung durch Otto IV. undenkbar gewesen. Im Grunde, so dachte Jordan bei sich, war es ein Segen, dass sich der Kaiser nicht mehr in der Weltgeschichte tummeln konnte, sondern sich auf seine Heimatregion beschränken musste und hier zum Stifter und Spender der Kirche und der schönen Künste wurde. Was wäre das Braunschweiger Land ohne ihn, der der Kultur hier ein zu Hause gegeben hatte. Wäre der Gedanke nicht so abwegig, dass Herrscher dem Gemeinwohl ihrer Untertanen viel mehr dienen könnten, als wenn sie auf Feld- oder Kreuzzüge gingen, Jordan hätte diesen Gedanken jetzt gedacht und angenehm empfunden. Stattdessen hatte er sich zunächst unbemerkt und dafür jetzt umso lästiger nasse Füße geholt. Unzweifelhaft musste er bereits das Quellgebiet der Oder erreicht haben, als ihn ein zweites Ereignis in seinem Dankgebet für Otto IV. unterbrach.

Unterhalb der Achtermannshöhe hörte er Stimmen und Gerumpel, die wenig später zu Schreien und Stöhnen wurden. Sie kamen von einer Fuhre, die an dieser Stelle einen wahrhaft beschwerlichen Hohlweg zu passieren hatte. Bewusst war der Weg über den Harz schmal und schlecht passierbar gehalten. Man konnte die Waren und Güter nur mit speziellen zweirädrigen Karren transportieren; ein normales Fuhrwerk oder ein Reisewagen gar hätten hier keine Chance. Das hatte natürlich kommerzielle Gründe. Das Transportgut musste auf die gebirgsgängigen Gefährte umgeladen werden, von der Passage lebten die Fuhrleute gut. Vor ihm trieb einer von ihnen, der vom Bock gestiegen war, seinen Harzkarren mit vier angespannten Pferden an. Zwei Helfer schoben zudem und sicherten ein Zurückrollen der Räder mit kurzen Baumstämmen. Mensch und Tier quälten sich gleichermaßen an der Steigung ab. Um hier nicht als Störung oder jemand mit böser Absicht empfunden zu werden, stimmte Jordan einen Gesang an, den er aus Franken kannte, den schon seine Mutter ihm vorgesungen hatte und der Garantie für beruhigende Stimmung war. Die Männer grüßten flüchtig, einer bekreuzigte sich überflüssigerweise – er hatte das Kreuz auf dem schwarzen Skapulier über der grauen Tunica als erster erblickt.

Dann ging es ebenerdig zwischen Brockenfeld und Torfhausmoor an zwei Felsen vorbei, die wie vergessene Hopfensäcke den Wegrand säumten, obgleich es nur Granitklippen waren, von denen es hier viele gab. Schließlich begann der Abstieg ins Eckertal. Jordan kannte den Weg, der ihm vertraut war, bis zur Harzburg war er schon oft gegangen und hatte nun keine Furcht mehr. Meist war er in Begleitung des Abtes unterwegs gewesen, doch der wurde bereits vor Tagen zur Harzburg gerufen. Es ging das Gerücht, der Kaiser kränkelte. Die nächste Anrufung Gottes sollte seiner Genesung dienen. Er war gut in der Zeit, noch eine halbe Stunde vielleicht bis zum nächsten Gebet. Da kannte er eine Bergwiese, die zu einer weiteren Pause einlud.

Jetzt, Mitte Mai, war die Natur erwacht, und Jordan empfand es als ein Schauspiel Gottes, der alles erblühen ließ. Die Nadelhölzer paarten sich in dieser Höhe wieder mit Laubbäumen und im Unterholz spross eine neues Jahr. Jordan war glücklich. Wer jemals in einer Harzer Bergwiese gelegen hat, dachte er, der wird den würzigen Duft nie vergessen und die Kraft des Herren nie aufhören zu preisen. Als er die Augen öffnete, sah er Schwalben im Tiefflug. Wolken schoben sich vor die Sonne und Jordan bemerkte, dass ihre Wärme doch noch nicht für den Sommer ausreichte. Wir hatten zwar auch im Mai schon schöne Tage ... Jordan verwarf den Gedanken und konzentrierte sich jetzt wieder auf sein Ziel. Noch eine Stunde bis zur Harzburg. Der immer dunkler werdende Himmel – und das war nicht die Dämmerung – beflügelte nun seinen Schritt. Dann kamen die ersten Tropfen.

Er erreichte die Harzburg völlig durchnässt. Am Tor ließ man ihn nicht ein. Niemand komme jetzt hier rein oder raus, gab man zu verstehen. Etwas Furchtbares sei geschehen, er möge weiterziehen. Ob er wenigstens seinen Herren, den Abt Friedrich von Walkenried, sprechen dürfe? Es verging einige Zeit, dann stolperte der Klostervorsteher an die Klappe, die in der schweren Pforte eingelassen war, und erbrach sich statt Jordan zu begrüßen. Der Gestank hatte ihm die Sinne vernebelt. Eben sei der Kaiser verstorben. Es sei kein schöner Tod gewesen, aber welcher sei das schon? Das Gesetz sehe in einem solchen Fall vor, dass keine Menschenseele die Burg zu betreten und schon gar nicht zu verlassen habe – das gelte auch für ihn, er bitte um Verständnis. Jordan solle zusehen, dass er irgendwo anders Schutz fände, die Nacht komme bald. Zwei Stunden seien es noch bis zur Werlaburg. Bei diesem Gewitter zweieinhalb, räumte Jordan ein, wenn man denn überhaupt gesund dort einträfe. Mit Gottvertrauen werde es gelingen. Und der Abt nutzte die Gelegenheit zu einem gemeinsamen Gebet über die Barriere hinweg. Dann schickte er Bruder Jordan fort. Christlich sei das kaum. Der Abt wandte sich kopfschüttelnd ab.

Jordan musste an den Gang nach Canossa denken, den Heinrich IV. von hier aus begann, um von Papst Gregor VII. vom Kirchenbann befreit zu werden. Die Zerstörung der Harzburg, ihr Wiederaufbau und die Kaiserkrönung Heinrichs durch den Gegenpapst waren die Folgen. Wenn er gewusst hätte, dass einem späteren Otto zu Ehren an dieser Stelle eine Canossa-Säule errichtet werden sollte, hätte auch Jordan jetzt ausgerufen: „Nach Canossa gehen wir nicht!“ Oder vielleicht doch eher nicht, denn Zweifel waren Jordan fremd. Jegliches hat sein Zeit. Wie auf Niederlagen Siege, auf Demütigungen Lob und auf Schicksalsschläge wieder Freude folgen kann, so werde nach dem Regen wieder Trockenheit kommen. Zuversichtlich und müde schleppte sich der Mönch mit Lehmplacken am Schuhwerk weiter und stieg bergab. Die Kaiserpfalz Werla wollte er in keim Fall aufsuchen, er mied sie wie der Teufel das Weihwasser. Dort hatte Barbarossa Heinrich dem Löwen, dem Vater seines geliebten Kaisers Otto, den Garaus gemacht und beschlossen ihn ins englische Exil zu schicken. Nie werde Jordan diese Werlaburg betreten.

Der Regen hatte nachgelassen, aber es war schon Nacht, als ihm eine Gruppe Reiter entgegen kam. Sie hielten an und eine Stimme fragte Jordan nach seinem Weg. Er berichtete von seinem Vorhaben freimütig, weil er erkannte, dass sie das Zeichen seines Ordens zierte. Die Frau war die Äbtissin aus Wöltingerode, einem Zisterzienserkloster für Nonnen unweit von hier. Sie war auf dem Weg zur Harzburg, besorgt um des Kaisers Gesundheitszustand. Jordan gab Nachricht von dem, was er erfahren hatte. Man beschloss umzukehren und zu beten, Jordan durfte auf einem der Rösser Platz nehmen und fand für die Nacht – ausnahmsweise – eine Schlafstatt in den Stallungen dieses Klosters, was mehr als ungewöhnlich war und endgültig dazu führte, dass ihm dieser Tag unvergesslich blieb.

Silke Wessels

Das Geständnis

„Bringt mir Bischof Siegfried I. von Hildesheim, beeilt euch“, befahl Otto IV. von Braunschweig mit dünner Stimme. Seit wenigen Tagen hatte sich der Gesundheitszustand des Kaisers dramatisch verschlechtert. Er hatte unsägliche Schmerzen und Krämpfe. Die Diener des Hofes eilten fort um den Wunsch des Kaisers so schnell wie möglich zu erfüllen. Der Bischof kam diesem Wunsch so schnell er konnte entgegen.

„Mein lieber Freund“, begann der Kaiser, als sich der Bischof auf die Kante seines prunkvollen Bettes setzte. „Du weißt, dass du mir in all den Jahren sehr an das Herz gewachsen bist. Ich konnte dich als meinen treuesten Verbündeten ausmachen. Du hast alles, was nicht für die Ohren anderer bestimmt war für dich behalten. Du warst manchmal auch derjenige der mich mit Gotteshilfe eines besseren belehrt hatte. Vor allem danke ich dir, dass du auch während der Zeit der Exkommunizierung zu mir gestanden hast. Weiter möchte ich dir dafür danken, dass du den Kirchenbann vor einigen Tagen von mir genommen hast. Ich möchte dir für all das danken. Ich spüre, dass es nicht mehr lange geht mit meinem Leben.“ Der Bischof legte seine Hand auf die des Kaisers, auch wenn er wusste, dass dies eigentlich nicht gestattet war. „Das brauchst du nicht, mein

Kaiser." Sagte der alte Freund demütig und verbeugte sich aus Dankbarkeit vor dem Herrscher. „Oh doch, das war mir ein wichtiges Anliegen." Wehrte der Kaiser ab und sprach weiter: „Da gibt es noch ein weiteres Anliegen, das ich dir vorzubringen habe. Ich möchte, dass du meinen letzten Willen niederschreibst und zwar genauso wie ich es dir erzählen werde." „Selbstverständlich", sagte der Bischof unterwürfig und lies von einer der Hofdamen Papier und Tinte kommen. „Bitte schreib, ich Otto IV. von Braunschweig, lasse hier meinen letzten Willen von meinem guten Freund, dem Bischof Siegfried I. von Hildesheim, niederschreiben. Ich bin bei klarem Verstand und vollen Bewusstsein." Er unterbrach sich selbst und hustete angestrengt. Der Bischof tat wie ihm geheißen wurde und schrieb jedes seiner Worte mit zarter Schrift auf das Pergament. „Das wichtigste nun zu erst." Sagte Otto, als er sich von seinem Hustenanfall erholt hatte, mit krächzender Stimme. „Ich möchte, dass mein Bruder der Pfalzgraf Heinrich mein Testamentvollstrecker und mein Universalerbe ist. Er soll die Reichsinsignien bekommen, aber nur solange, natürlich mit einer angemessenen Wartezeit nach meinem Tod, bis ein weiterer König einstimmig gewählt wird. Vergiss nicht, das ist besonders wichtig, unterstreiche es am besten." Sagte er nachdrücklich. „Der Welfenschatz, soll an die Verwaltung der Braunschweiger Stiftskirche St. Blasius gehen. Dort möchte ich auch neben meiner Frau Beatrix beerdigt werden. So das war nun das Formelle." Schloss er seine Ausführung. „Jetzt möchte ich, dass du noch etwas anderes niederschreibst." Sagte er und befahl dem Bischof mit einer kurzen Handbewegung näher zu ihm zu kommen. In einem leisen und verschwörerischem Ton sprach er weiter: „Ich muss dir und meinen Nachfolgern etwas beichten. Ich weiß, dass du mich nicht verurteilen wirst. Und ich bitte dich, bete für mich und das man mir verzeihen wird. Kannst du dich noch an die ewig andauernde Schlacht mit Philipp von Schwaben erinnern?“ Der Bischof nickte und lauschte gespannt, was der im sterben liegende Kaiser zu sagen hatte. „Ich werde dir jetzt mein größtes Geheimnis erzählen und ich bitte dich dies zu verbreiten und nun schreibe.“ Befahl er, holte tief Luft und begann zu erzählen. Überall steht geschrieben und es wurde verbreitet, dass der bayrische Pfalzgraf Otto VIII. von Wittelsbach Philipp aus persönlichen Motiven getötet hat. Das ist eine Lüge! Ich Otto IV. von Braunschweig bin einzig und alleine schuld an seinem Tod.“ „Du? Aber wie?“ Platze es aus dem Bischof hervor. „Denke nicht falsch von mir, ich werde dir erzählen wie es wirklich war, aber du musst wissen, dass ich es sehr bereue. Wenn ich nun darüber nachdenke, hatte es keinen Sinn, doch damals dachte ich anders. Ich war Macht besessen. Ich muss sagen, ich war Süchtig nach Ruhm und Anerkennung. Obwohl ich genau wusste, dass keiner es je wagen würde dem Kaiser zu widersprechen. Ich konnte es nicht ertragen, dass mich Phillips Heer fast geschlagen hätte. Ich hatte einen so tiefen Hass in mir, der von der Tatsache, dass Papst Innozenz III. von mir abfiel, herrührte. Dieses Schreiben entbrannte eine ungeheure Wut in mir, die ich bis zu diesem Zeitpunkt selbst noch nie gespürt hatte. Ich habe in meinem Leben vieles durchlebt. Ich hatte viele Feinde, aber auch Gönner. Doch niemand hat mich jemals in diese Wut getrieben, wie ich sie in diesem Moment empfunden habe. Ich konnte nicht dagegen ankämpfen. Ich war wie besessen von diesem Gefühl, dass mir fast die Luft abschnürte. In einer einsamen Nacht, entschloss ich Phillip den Garaus zu machen. Ich wusste nicht genau wie, doch wusste ich, dass an diesem Tag jemand sein Leben lassen musste und ich wusste auch, dass ich nicht dieser Jemand war. Ich wusste unter anderem von den Verbindungen und den Hochzeitsplänen von Phillips Nichte. Ich wusste, dass am 21. Juni 1208 die Hochzeit bevor stand. Am Tag davor, reiste ich zu Otto VIII. von Wittelsbach, ich tischte ihm ein Märchen auf, das ihn veranlassen sollte die grausame Tat für mich zu verrichten. Ich musste ihm nur einreden, dass die Annullierung der Verlobung eine hinterhältige Tat von Phillip war. Er hatte nie vor seine Tochter mit ihm zu verheiraten. Es war alles nur ein Vorwand um den Frieden solange zu erhalten, bis Phillip einen Plan hatte um Otto VII. aus dem Weg zu räumen.“ Der Bischof musste heftig schlucken, als er endlich begriff, dass vor ihm ein Mann saß, der ihm einen Mord gestand an dem er allein Schuld war und nun selbst im sterben lag. Ohne auf den Bischof zu achten sprach er weiter. „Das stimmte natürlich nicht, Phillip wollte seine Tochter vor diesem Mann schützen, du musst wissen, dass er ein gefürchteter Choleriker war. Das wusste außer dem Hochadel natürlich niemand. Es war uns um ehrlich zu sein egal, was er mit seinen Mitmenschen machte. Solange wir es nicht abbekamen, doch uns gegenüber war er immer sehr höflich und zuvor kommend. Nun ja, jeder hat ja seine Schattenseiten." Sagte er entschuldigend und zuckte müde mit den Schultern. „Natürlich sagte Phillip nie, dass das der Grund für die Annullierung war und so konnte man Otto VII. alles erzählen. Da er so tief verletzt war, war es ein leichtes ihn so weit zu bringen wie ich es wollte. Ich konnte förmlich sehen, wie mein Vorschlag ihn zu töten ihm gefiel. Er fand – umso mehr ich auf ihn einsprach – einen immer größer wachsenden Gefallen an diesem Gedanken. Ich brachte ihn soweit, dass ich ihm sagen konnte, dass er es während der Hochzeit machen sollte am nächsten Tag. Ich hatte somit ein perfektes Alibi, ich mischte mich unter die Gäste und war somit von möglichen Anschuldigungen befreit. Otto IV. stürmet zu einer unangemeldeten Audienz, zwar lies ihn Phillip sprechen, doch dabei kam es zu einem Streit. Ich wusste, dass jedes Wort von Phillip Otto nur noch wütender machen würde. Schließlich zog Otto sein Schwert und durchtrennte Phillips Halsschlagader. Ich war Phillip mit einem Mal los und Otto ebenfalls, der sich nach dieser Tat als Vogelfreier auf der Flucht befand. Ich verhängte über ihm die Acht, dies tat ich allerdings nur, damit ich mein wiedererlangtes Volk nicht verärgerte und um jeglichen Zweifel aus der Welt zu schaffen, wenn Otto VII. jemals behauptete, dass ich ihm das eingeredet habe. Den Rest weißt du ja, ich ließ mich noch einmal zum König wählen und verlobte mich mit Beatrix. Einige Zeit darauf wurde ich zum Kaiser gekoren."

Otto verstummte und ließ seine Worte in Gedanken nachklingen. „So, nun weißt du, was ich dir erzählen wollte, was mich mein restliches Leben verfolgte, bei allem was ich tat. Ich kann dir nicht sagen, warum mich ausgerechnet Phillips Tod so schwer beschäftigte, obwohl ich ihn nicht einmal selber ausführte. Ich habe in meinem Leben schon vielen Menschen das Leben genommen. Doch dies ist etwas was ich mir von der Seele sprechen wollte. Ich bitte dich nun inständig für mich zu beten, dass man mir verzeiht. Nach meinem Tot sollst du allen diese Geschichte erzählen, ich möchte, dass sie die ganze Welt weiß. Ich möchte mich so bei den Familien von Phillip und Otto entschuldigen. Und jetzt geh bitte, ich fühle mich müde und erschöpft." Befahl Otto IV. und sank in seine Kissen. Angestrengt schloss er die Augen und beachtete den Bischof nicht mehr. Der seine Papiere, die er geschrieben hatte zusammensammelte und aus dem Zimmer ging. Als er in seinem Zimmer stand las er sich seine Aufzeichnungen noch einmal durch, er konnte es nicht fassen. Der Bischof wollte nicht, dass man so schlecht über seinen alten Freund denkt, deshalb nahm er das Papier und schmiss es, ein Gebet flüsternd, in das Feuer. Und sah dabei zu, wie die Flammen das Papier zerfraßen.

Kirsten Döbler

Herrscher der Lüfte

Das Gemach des Kranken ist von einem Surren erfüllt. Weidenruten schneiden die Luft, um mit einem schmatzenden Hieb auf die Haut des Kaisers zu treffen. Otto IV. liegt entblößt auf dem Seidenteppich vor seinem Krankenlager.

„Fester", raunt er in seinem einst so kräftigen Bass. „Wir befehlen euch, Uns mit aller Kraft zu geißeln!"

Betretenes Gemurmel erfüllt das Gemach. Zögernd holen die Anwesenden erneut zu ihren Hieben aus, wieder klatschen die Ruten auf Ottos Rücken. Bei jeder neuen Berührung holt er röchelnd Luft, bis schließlich Abt Friedrich von Walkenried einen Ton angibt und den links und rechts neben Otto stehenden Priestern zunickt.

„Miserere mei Deus secundum magnam misericordiam tuam."

Sie singen die Worte des Psalms mit ernsten Gesichtern und engen Kehlen. Kaiserin Maria holt Luft, um es ihnen gleichzutun, und auch die anwesenden Edelherren räuspern sich und fallen in den Gesang ein.

„Secundum multitudinem miserationum tuarum dele iniquitatem meam."

Aus den Mauern der Harzburg, die majestätisch auf ihrem Bergsporn thront, entweichen die Töne in den klaren Maimorgen.

Kaum ist die Musik verklungen, hebt der Kaiser seinen Kopf vom Teppich und befiehlt:

„Fahrt fort, geißelt mich, lasst nicht nach in eurem Strafen. Wir wollen Buße tun, bevor Unsere Zeit auf Erden zur Neige gegangen ist."

Der Abt schüttelt unmerklich den Kopf und gibt den Priestern mit den Augen Anweisungen. Vier von ihnen treten vor und heben Otto auf sein Lager, und während sie ihn auf den weichen Samtstoff betten, setzt der Kaiser seine Selbstvorwürfe fort:

„Widersetzlich sind Wir gewesen, gesündigt haben Wir gegen den römischen Stuhl, gegen den Papst selbst, haben die Rechte der Kirche zu schmälern versucht. Vor allem jedoch haben Wir Unser Kreuzzugsgelübte nicht erfüllt. Fahrt fort und züchtigt Uns mit euren Hieben, solange noch Zeit dazu ist!"

„Lasst es gut sein, Majestät", sagt der Abt. „Hat nicht Propst Goswin von Halberstadt Euch die Absolution erteilt, Euch mit dem geweihten Öl gesalbt und das Abendmahl gereicht? Gott ist Genüge getan, auch ohne dass Ihr Euer Blut vergießt."

Otto schließt die Augen für einen Moment. Die Striemen an seinem Körper brennen und überlagern den Schmerz, der ihm seit Wochen ins Gedärm sticht. Mit jedem Tag fühlt er sich schwächer, immer wieder gleitet er hinüber in jene Welt der Bilder, die sich aus den Erinnerungen speist. Er wirft den Kopf unruhig nach links und rechts. Da sind sie wieder, die Szenen vom Kampf mit dem König der Franzosen, quälende Bilder, so grell und laut, als habe die verheerende Schlacht sich gerade gestern zugetragen.

„Hätten Wir etwa nicht gegen König Philipp zu Felde ziehen sollen?“, stöhnt Otto. „Sind Wir am Hofe von Richard Löwenherz vielleicht zum Zauderer erzogen worden?“

Maria von Brabant reicht Otto einen silbernen Becher mit einem Kräutertrunk, der sein revoltierendes Gedärm beschwichtigen soll. Der Kranke spürt das kalte Metall an den Lippen, saugt ein wenig Flüssigkeit ein und schluckt hastig, während seine Gemahlin ihm die Schweißperlen von der Stirn tupft.

„Auserwählt von Gott, zum Kaiser gekrönt, und dennoch unterlegen in der Schlacht der Schlachten“, fährt er zitternd fort. „Aber hätten wir Unserem Onkel Johann eine Absage erteilen sollen? Wäre es klug gewesen, den König von England allein ins Feld ziehen zu lassen? Nein! Wir hätten die Schlacht von Bouvines gewinnen können, ach, gewinnen müssen! Unmöglich, unser vereintes Heer zu besiegen; im Geiste war Frankreich schon unter uns aufgeteilt. Nicht weniger als siebenhundert Brabanzonen zogen als Verstärkung mit uns in den Kampf, und wer hätte die furchtlose Schar wohl bezwingen wollen? Doch der Himmel ließ uns im Stich; die Sonne blendete unsere Krieger, so dass sie einer nach dem anderen von den Franzosen niedergemetzelt wurden.“

Voller Ingrimm sieht Otto sich selbst in letzter Minute vor dem Feind fliehen, fühlt sich in voller Montur vom Pferd rutschen, das sich aufgebäumt hatte und dann mit gequältem Laut zu Boden gegangen war. Zornig ruft er:

„Verdammt in alle Ewigkeit sei der Franzose, der Unseren Prachtgaul ins Auge traf!“

Maria hält ihrem Gemahl den Silberkelch vor den Mund und bittet ihn, noch einen Schluck des Kräutertrunks zu nehmen. Otto atmet schwer. Der Moment der Schmach an der Marcq von Bouvines, wo König Philipp die Quadriga mit den kaiserlichen Feldzeichen erbeutete, legt sich erneut wie ein zu eng geratenes Kettenhemd um Ottos Rumpf und scheint jegliche Beherrschung aus ihm herauszupressen. Er stößt das Trinkgefäß unwillig zur Seite, so dass die Flüssigkeit aus dem Pokal schwappt und vom roten Samt seines Lagers aufgesogen wird.

„Lasst auf der Stelle Unser Schwert bringen!“, befiehlt er und beginnt erneut, den Kopf hin und her zu werfen. Mit aufgerissenen Augen starrt er ins Nichts. Dort sieht er noch einmal den vergoldeten Adler auf dem Fahnenwagen in der Sonne glänzen, den stolzen Vogel, dessen Schwingen im Verlauf der Schlacht zerbersten sollten. Er sieht die Fratze des Franzosenkönigs vor sich, der die zerbrochenen Flügel des kaiserlichen Zeichens voller Genugtuung an Friedrich II. senden würde, an diesen Pfaffenkönig, dessen später Triumph schlimmer zu foltern vermochte als jede körperliche Züchtigung.

Otto verspürt einen heftigen Schmerz und stöhnt auf. Maria legt ihm die Hand sanft auf die Stirn, bevor sie wieder zu beten beginnt, während ihr Gemahl sich in Zeit und Raum verirrt und fiebernd durch die Schlachten seines Lebens taumelt.

Als der Kaiser wieder zu sich kommt, stößt seine Hand an etwas Kühles. Auf dem Samtüberwurf des Lagers ertastet er sein Schwert. Er fährt mit den Fingerkuppen über den vergoldeten Knauf und befühlt das eingearbeitete Wappen. Nur im ersten Moment wirkt die Berührung von Reichsadler und Löwen beruhigend auf ihn. Dann jedoch löst die Gravur des Wappens eine Kaskade von Gedanken aus, und Otto besinnt sich auf seine kaiserlichen Pflichten. Er versucht sich aufzurichten, doch sein Körper gehorcht ihm nicht.

„Wir müssen für den Todesfall verfügen", flüstert er Maria zu und zwingt seine Gedanken zu ihrem letzten Akt. Während er kraftlos auf seinen Kanzlisten wartet, der sein Testament verfassen soll, sehnt er sich danach, ein letztes Mal noch durch die Wälder zu Füßen der Harzburg zu reiten, auf einer Lichtung den Kopf in den Nacken zu werfen und in das leuchtende Blau des Himmels zu blicken.

In seinem Wunschbild meint er einen dunklen Punkt über sich auszumachen. Er sieht den Flecken allmählich zu einem Adler anwachsen, der wachsam in den Lüften kreist. Und je länger der Kaiser den Flug des imaginären Vogels verfolgt, desto dringlicher wird sein Wunsch, es dem Adler gleichzutun und sich als Herrscher der Lüfte über seinem einst so großen Reich in den Wind zu werfen.

Bernhard Selker

Sohn Otto? – So'n Otto!

Braunschweig brauchte mal wieder ein Motto
zur Selbstdarstellung in der Region.
Man wollte mal weg vom Heinrich-Trott ... – o,
da verfiel man ganz rasch auf Heinrichs Sohn,
und der heißt Otto – exakt Otto Vier.
So ist der ein Jahr lang das Motto hier.

Dieses Motto erweist sich als pfiffig,
ist leicht merk-/verwendbar, abwechslungsreich:
Der Name Otto ist so schön griffig,
denn von vorn und von hinten ist er gleich.
Und wie ein Jubelruf klingt das Motto
„Der Sohn Heinrichs ... ha, das ist so'n Otto!"

Was andere noch geschrieben haben
woanders zu Otto, muß hier nicht stehn.
Nach einem Profil müßt' tief man graben,
wollte ein solches bei einem man sehn,
der von vorn und von hinten gleich aussieht.
Es wird reichen, daß hier „So'n Otto!" steht.

Braunschweigs derzeitig Obere jedoch
haben viel übrig für Krone und Thron
und Erob'rer und in Ottos Fall noch
für einen, der – und das wundert dann schon -

nach einem verlorenen Thronstreite
die minderjährige Tochter freite

des Siegers, nämlich Philipp von Schwaben,
den andre zuvor ermordet haben. – – –
Na ja – Braunschweigs Obere sehn's nicht so eng,
widmen halt Otto Vier ihr „Schnedderengteng!".

Otto IV.
ein Welfe auf dem Kaiserthron

In einer österreichischen Bibliothek fand ich zwischen zwei Buchrücken dieses in mittelhochdeutscher Sprache geschriebene Drama und übertrug es ins heutige Hochdeutsch. Die bekannten Autoren haben trotz anderslautender Ankündigung ihren Text zumeist in Versform niedergeschrieben, was ich in Eile nur andeutungsweise nachvollziehen konnte. Als ich nach einer Woche den sensationellen Fund publik machen wollte, war die alte Handschrift spurlos verschwunden, so dass das Drama heute nur in der unzureichenden neuen Fassung gelesen und aufgeführt werden kann.

Von einem anonymen Autor, der seiner Version eines angeblich aufgefundenen mittelalterlichen Dramas den oben angeführten Text vorausschickt, habe ich per Post dieses rätselhafte Script empfangen. Ich las es mit großer Aufmerksamkeit und habe selbst Anmerkungen hinzugefügt, die ich dem Buch von Professor Hucker über den Welfenkaiser entnommen habe.[1] Sie bestätigen viele im Drama dargestellte Sachverhalte. Jede Nachforschung nach dem Autor in Klosterbibliotheken blieb umsonst. Das Drama über Otto IV. soll den Menschen, die 800 Jahre später als die vermeintlichen Autoren leben, nicht vorenthalten werden. Was daran ursprünglich ist, was Fiktion und Zutat des modernen Autors, muss verborgen bleiben.

Gernot Bischoff

Szenen aus dem Leben des Welfenkaisers, geschrieben für das Jubiläumsjahr seiner Krönung im Jahr 1209. Spielbar in drei Grundszenarien:

1. Raum in altem Gebäude, Unterschiede durch knappes Inventar angedeutet. (8 Spielorte)
2. Im Inneren eines Feldherrnzeltes
3. Freie Parklandschaft

Personen in der Reihenfolge ihres Auftretens:

Maria v. Brabant, später Kaiserin und Gattin Ottos IV.
Walter v. der Vogelweide, Minnesänger und Poet
Wolfram von Eschenbach, Minnesänger und Poet
Philipp v. Schwaben, staufischer Gegenkönig Otto IV.
Heinrich v. Kalden, sein Marschall
Bernhard v. Sachsen, Heerführer unter Philipp
Konrad v. Scharfenberg, Bischof von Speyer, Protonotar Philipps
Kuno v. Münzenberg, Kämmerer Philipps
Otto IV., welfischer Gegenkönig von Philipp von Schwaben, späterer Kaiser
Heinrich von der Pfalz, älterer Bruder Ottos
Gunzelin v. Wolfenbüttel, Marschall und Vertrauter Ottos
Ludolf v. Volkmarode, Baubevollmächtigter für Burg, Dom und Stadt
Jusarius von Blankenburg, Burgherr auf Lichtenberg
Leonore, seine Frau
Heinrich von Salder, Zeremonienmeister auf Lichtenberg
Eilhard von Oberge, Minnesänger
Yvette de Berthaut, Freundin der Maria v. Brabant, Geliebte Ottos
Ritter Kuno, Begleiter Yvettes
Sieglinde, Hofdame auf Lichtenberg
Minnesänger Karl
Gudrun, Begleiterin Ottos in Nürnberg
Abt Friedrich v. Walkenried
4 Tänzerinnen bzw. Vorführdamen auf Lichtenberg und in Nürnberg
3 Boten
Die spätere Kaiserin Beatrix als Kind
(20 männliche, 10 weibliche Rollen)

Vorspiel, 1. Szene
Der Auftrag an die Poeten
(Bedienstete, Ottos Witwe, Maria vom Brabant, und die Minnesänger Walter von der Vogelweide und Wolfram von Eschenbach in einem Raum der Burg Dankwarderode in Braunschweig)

Bedienstete *(hereintretend)*: Die geladenen Herren warten draußen.
Maria *(auf einem Stuhl sitzend)*: Lasst sie kommen!
(Bedienstete geht zur Tür und lässt die beiden Poeten ein, die sich höflich verbeugen. Die Bedienstete geht auf einen Wink Marias hin ab)
Wolfram: Imperatrix, euer Anblick, er verschlägt den Atem. Auch das Trauerkleid kann eure fast schon überird'sche Schönheit nicht verbergen!
Maria: Lobt meinen tailleur, nicht mein Aussehen! Ich habe euch auch nicht als Troubadours hierher gebeten! …
Walter: Natürlich nicht! Wir versichern beide euch des tiefst empfund'nen Mitgefühls. Euer Gatte war ein Förderer der Kunst und Literatur im Reich.
Maria: Gegen den ihr als angeblich welschen König so manchen Spruch verfasset habt. [2)]
Walter: Er sprach zumeist französisch, aber ich geb' zu, er handelte als deutscher König und als Kaiser Roms. Wir bedauern seinen frühen Tod!
Maria: Ihr seid, soweit es mir bekannt, zur Zeit die meist gerühmten Dichter deutscher Zunge.
Walter: Zuviel der Ehre. Welches Anliegen habt ihr?
Maria: Lasst es mich so ausdrücken: Ich möchte eure Kunst fördern, so weit es in meinen Kräften

steht. Ich wünsche von euch eine Narratio über das Leben meines Mannes, vielleicht eine szenische Darstellung von Höh'- und Wendepunkten seines Lebens.

Wolfram: Wâfen! Wir sind von Gnad' und Wohlwoll'n Friedrichs, des neuen Staufenkönigs, abhängig. Die Laudatio des Welfenkaisers durch uns könnt' üble Folgen haben.

Maria: Im Leben waren Friedrich II. und mein Mann Feinde, ich erfuhr aber, dass er seinem frommen Onkel Otto eine Lobred' hielt und dann am 28. August der Fürbitte durch's Generalkapitel des Zisterzienserordens[3)] empfohlen habe. Der neue Papst Honorius bestätigte unter Tränen die vom Bischof von Hildesheim erteilte Absolution[4)] des vormals exkommunizierten Kaisers. Auch mit dem hohen Klerus ist also Frieden geschlossen. Wen fürchtet ihr?

Walter: Wir waren nie unkritisch gegenüber Otto. Können wir das auch weiter bleiben?

Maria: Ihr sollt bei der Wahrheit bleiben und braucht weder ihn noch mich zu schonen!

Wolfram: Was haltet ihr zum Beispiel davon, dass er im Braunschweiger Dom neben seiner ersten Gattin Beatrix bestattet worden ist[5)] und für euch dort kein weit'rer Platz vorgeseh'n ist?

Maria: Das ist doch Politik! Welfen und Staufer sollen ein Symbol hier der Versöhnung seh'n. Seine Ehe mit dem Kinde tat mir weh, weil ich ihn geliebt hab und mit ihm verlobt war, aber ich habe ihm die Sach' mit Beatrix und seine vielen Seitensprünge längst verzieh'n. Er war eben ein stattlicher Mann, ein wirklicher Ritter, höfisch gebildet und belesen.

Er sprach französisch mit mir, englisch, deutsch, dichtete galante Lieder und verstand auch gut Latein. Trotzdem blieb sein Leben unerfüllt und voll Enttäuschung!

Wolfram: Wie bisher das Leben von allen Kaisern nach dem großen Karl. Ich begreife, was ihr meint. Wenn wir sozusagen in euerm Auftrag handeln und bei der Wahrheit bleiben könnten, dann …

Walter: Was wäre euch die Sache wert?

Maria: Nun, aus dem baren Erbe soll'n den Bürgern der Stadt Braunschweig für ihre Treue 500 Silbermark[6)] in ihre Hand gegeben werden, für euch kann ich die für mich bestimmten 50 Silbermark entgegen nehmen. Mir stehen nämlich auch aus England[7)] weit're Gelder zu. Pfalzgraf Heinrich, Ottos ält'rer Bruder, ist der Testamentsvollstrecker. Seid ihr einverstanden?

Walter: Wenn es bei den 50 Silbermark bleibt … Abgemacht.

Wolfram: Abgemacht.

Maria: Ich danke euch für die Zusage.

Walter: Noch vor Weihnacht dieses Jahres sollt ihr das Ergebnis unsrer Arbeit in die Hand bekommen.

Maria: Oui, so sei es! *(ab)*

2. Szene
Wes Brot ich ess, des Lied ich sing
(Walter und Wolfram)

Wolfram: Wollen wir den Auftrag wirklich annehmen?

Walter: Wenn Maria nicht die fünfzig versprochenen Silbermark in der Spielbank verspielt wie seinerzeit in

Köln![8] Andererseits, 50 Silbermark sind kein Pappenstiel. Ich könnte meinen Anteil daran gut gebrauchen.
Wolfram: Lieber Freund, ich wünsche übrigens dir Glück zum Lehen,[9] das du von König Friederich erhalten hast.
Walter: Hat sich das schon rumgesprochen?
Wolfram: Die meisten deiner Lieder und Sprüche sind in Windeseile überall dort, wo man deutsche Zunge spricht.
Walter: Tatsächlich! Du hattest ja das Schicksal eines „Fahr'nden nicht, sondern bist schon lange sesshaft. Seitdem ich das Leh'n empfangen habe, schaun die Leute nicht mehr durch mich durch wie einem Geist, sie grüßen mich, weil ich für sie auf einmal jetzt ein „Jemand" bin. Du weißt ja: „Geld regiert die Welt." Und als Künstler anerkannt zu sein, das macht allein nicht satt. Mich wurmte so zum Beispiel, dass der Abt des für die „milte" wohlbekannten Klosters[10] Tegernsee mir nichts mehr als ein Krüglein Wasser zum Händewaschen anbot und zugleich, um einen Schluck zu trinken.
Wolfram: *(lacht)* Wahrscheinlich trugst den langen Reisemantel du mit der Kapuze! Wie hätte er wissen sollen, wer du bist? Ich an deiner Stelle hätte die Kapuze rückgeschlagen, mich auf einen Stein gesetzt, die Beine aufeinander und das Kinn in meine Hand gestützt.[11] Diese Geste kennt man in ganz Deutschland. Aber ich weiß auch wie die Imperatrix, dass für König Philipp, Kaiser Otto und für König Friederich, die als Welfen oder Staufer spinnefeind sich waren, du nacheinander tätig warst und manchen Propagandaspruch geschrieben hast.

Walter: *(die Schulter zuckend)* „Wes Brot ich ess, des Lied ich sing." Sie alle wussten und sie wissen die ironische Polemik sehr zu schätzen.
Wolfram: Du hattest auch im Auftrag Gunzelins im Ottenton geschrieben, dich mit dem Landgrafen von Thüringen und dem Wiener Hofe angelegt. Manchmal hab' ich mich gefragt: Welche Meinung hat der Walter wirklich?
Walter: Für mich steht alle Welt auf zween Säulen, auf Reich und Kirche, verkörpert durch den Kaiser und den Papst. Ich trete für die Reichsidee von Karl dem Großen ein, egal ob Staufer oder Welfen sie vertreten. Die Stärkung der Zentralmacht wie in Frankreich oder England täte allen Kaisern gut. Aber die Entwicklung läuft auf eine ständ'ge Schwächung der Zentralgewalt hinaus, die Recht und Ordnung auch im Inneren zerstört.
Wolfram: Du hast dich in dem Fleischspießspruch gegen die Ministerialen ausgesprochen. [12)]
Walter: Ja, die Ministerialen haben seit Philipp ihre politische Macht aus Eigennutz missbraucht und nehmen alten Fürstenhäusern fast die Luft zum Atmen.
Wolfram: Auch ich setze mich in meinen Versromanen, die von König Artus handeln, für ritterliche Ideale und zugleich für unsern Glauben ein. Otto hat mir oft bestätigt, dass er bei Lektüre meiner Epen von einer bess'ren Welt hab' träumen können. Ich mein', dass Otto mit der Übernahme von des Philipps Hofbeamten sich selbst den Untergang ins Haus geholt hat. Er war von einer Meute wilder Tier' umgeben und ist von ihnen bisher nur verleumdet

worden. Ich mein', wir sollten vieles richtigstellen und die Vita Ottos für die Imperatrix schreiben!

Walter: Gut, ich bin dabei. Aber ansatzweise nur in Versform! Denn es fehlt uns Zeit! Lass uns Zeugen jetzt befragen, Dokumente sichten und uns selbst erinnern, welche Punkte aus des Kaisers Leben wichtig sind.

Wolfram: Nu weiz ich, swelch ein sinnec wîp, ob si hât getriwen lîp diu diz mære geschriben siht, daz si mir mit wârheit gibt, ich kunde wîben sprechen baz denne als ich sanc gein einer maz. Si was fürstin in Brabant

I. Akt

1. Szene

19. August 1200, in einem Feldherrnzelt bei der Belagerung von Braunschweig

(Philipp von Schwaben sitzt auf einem Stuhl, Marschall Heinrich von Kalden tritt ein)

v. Kalden: Sieg über Braunschweig! Wir sind bei der Altewiek und im Aegidien-Klostergut durch den Verteid'gungsring hindurchgestoßen und dringen über die Lange Brücke in die Altstadt vor! Das letzte Aufgebot stellt dort sich zum Gefecht. [13)] Ich hab den Söldnertruppen zugesagt, die Stadt nach Kaiserrecht zu brandschatzen, die Bürger ihrer Habe zu berauben, die Weiber zu vergewaltigen und keinen Stein mehr steh'n zu lassen. Der Löwe, er wird fallen. Von Welfen wird in Zukunft keiner mehr was wissen. Gib den Befehl zu der Erob'rung jetzt!

Philipp: Gemach, ich will nicht nur als unbarmherziger Herrscher in die Geschichte eingehn. Otto hat die Aachener und die Nordhausener nach Einnahme der staufisch gesinnten Städte auch geschont.

v. Kalden Ich plädiere für unbarmherzige Härte wie in Helmstedt oder Warberg! [14)] Nur so sind Städte abzuschrecken, zu Otto sich noch zu bekennen. Bei mir liegt die Befehlsg'walt, oder nicht?

Philipp: Wenn er durch den Tod seines Onkels Richard Löwenherz nicht wie gelähmt gewesen wäre! Ich hab Respekt vor Otto. Er ist ein wahrer Ritter, kämpft in der ersten Reihe seiner Truppen. Das tu' ich nicht. – Ich müsst' ja immer mit den stärksten Rittern unsres Feinds mich messen! – Ist Pfalzgraf Heinrich, Ottos älterer Bruder, zur Übergabe denn bereit?

v. Kalden Er hat einen Unterhändler geschickt, den ich festnehmen ließ.

Philipp: *(verärgert)* Ich möchte bei solchen Entscheidungen gehört werden. Lasst ihn hierher kommen!

2. Szene

(Heinrich ab, um den Boten herein zu holen, gleich darauf auch Philipp, der mit Bernhard von Sachsen zurück kommt.)

Philipp: Ich habe euch als Führer starker Truppen mit als Zeugen eingeladen.

Bernhard: Ich warte.

v. Kalden *(kommt mit dem an der Hand gefesselten Boten ins Zelt)* Hier ist der Emissär von Ottos Bruder!

Philipp: Ich geruhe, euch zuzuhör'n. Was habt Ihr mir zu sagen?

Bote: Heinrich hat Kunde davon, dass Otto mit einem großen Heer auf dem Weg hierher ist. *(Philipp erschrickt)* Er ist aber bereit, schon vorher auf die Seite der Staufer überzugehen und von Otto abzufallen, wenn Ihr ein paar Bedingungen erfüllt.

Philipp: Und die wären?

Bote: Die Wiederherstellung des Herzogtums Sachsen, das einstmals Heinrich der Löwe regierte, unter seiner Führung. Er versichert, sein Abfall von Otto sei das End von dessen Königsherrschaft.

Philipp: *(Überlegungspause)* Richtet ihm aus, dass ich darüber nachdenken werde. *(zu Heinrich)* Bindet ihn los! *(Der losgebundene Bote macht zustimmende Gebärde, grüßt und geht ab)*

Bernhard: Was höre ich da? Jede in diese Richtung gehende Verhandlung mit dem Pfalzgrafen ist ein casus belli für mich. [15)] Schließlich stellt nur meine Familie den Herzog von Sachsen. Ich ziehe meine Truppen sofort zurück.

Philipp: Oh, ich ahnte doch nicht, was der Pfalzgraf im Sinne trug, als ich euch zu diesem Gespräch mit einlud. Bleibet hier!

Bernhard: Nein, und abermals Nein! *(ab)*

v. Kalden: Das war wirklich ungeschickt von euch! Soll ich die Stadt sofort noch mit den Truppen stürmen, die verblieben sind?

Philipp: Nein, wir warten ab bis morgen. *(Alle ab)*

3. Szene

(Nur eine Laterne brennt, sonst Dunkelheit. Philipp, später Scharfenberg, Bischof von Speyer, Kuno von Münzenberg, Heinrich von Kalden)

Philipp: *(halb das Zelt betretend, halb Mauerschau)* Eine laue Sommernacht. Die Streitmacht Bernhards hat tatsächlich ihre Zelte abgebrochen. Überall seh ich Bewegung in den Lagern. Mir träumte, dass mit Otto es zum Zweikampf müsse kommen um die Königskrone. *(im Zelt)* Wie ein Riese stand er vor mir! *(Geräusch, Philipp erschrocken)* Wer ist da?
Scharfenberg: Philippe, ich hatt' einen fürchterlichen Traum! Der heilige Auctor, Schutzpatron von St. Aegidien, erschien mir und befahl den sofort'gen Abzug aller Truppen. Einige berichteten, dass sie Engel mit Kreuzen, andere Heilige mit gezogenem Schwert auf den Zinnen der Stadtmauer gesehen hätten. [16)]
Kuno von Münzenberg: *(stürmt ins Zelt)* Alarm! Majestät, der Abzug Bernhards hat zur Rebellion von weit'ren Truppenteil'n geführt! Es fehlt den Söldnern hier an Wasser und Proviant. Auch können wir nicht zahlen, da Otto unseren Tross mit der Kriegskasse überfallen hat und die Belagerung schon über einen Monat dauert.
Heinrich von Kalden: *(atemlos)* Majestät, sofortiger Aufbruch! Otto steht mit seinem Heer schon eine halbe Stund von hier. Der Zustand unseres Heeres duldet nicht, zum Kampfe sich zu stellen. Oh, hättet ihr auf mich gehört und gestern der Erstürmung zugestimmt. Wir hätten dann gesiegt!
Philipp: Nun lasst uns retten, was zu retten ist! Wenn heut' sogar der Himmel mit uns hadert, müssen wir wohl weichen. Aber Otto, es ist nicht aller Tage Abend! Dieses schwör ich Dir!
(Alle ab)

4. Szene
Nach Haldensleben geh ich nicht!

(Otto IV., Pfalzgraf Heinrich, Marschall Gunzelin von Wolfenbüttel und Ludolf von Volkmarode in einem Raum der Burg Dankwarderode)

Otto: Nehmt am Tische Platz!
Heinrich: Als ält'stem Sohn Heinrich des Löwen gebührt mir die Ehre, an der Tête des Tischs zu sitzen. *(setzt sich)*
Otto: Nun, so setze ich mich an die andere Seite *(weist Gunzelin den Platz an seiner Seite zu, während Ludolf neben Heinrich Platz nimmt)* Wir sollten lächerliche Streitereien lassen und vielmehr Gottes Fügung danken, die Stadt vor'm Untergang bewahrt zu haben. Ich hab den Bürgern schon mit königlicher Vollmacht zu verstehn gegeben, dass der 19. August, [17] der Tag des Heiligen Auctor, Schutzheiliger von St. Aegidien, in aller Zukunft als Tag der Rettung soll gefeiert werden. Außerdem sollen die Bürger für ihre tapfere Gegenwehr mit besonderen Privilegien belohnt werden.
Heinrich: Bruder, was maßt du dir an? Braunschweig ist testamentarisch mein Erbe! [18] Mir allein steht es zu, Privilegien zu erteilen. Geh du nach Haldensleben!
Otto: Nach Haldensleben geh ich nicht! Bedenke, dass nicht du, sondern ich in Aachen zum König gekrönt worden bin.
Heinrich: Ohne die Reichsinsignien. Die hat Philipp.
Otto: Dafür ist er aber nicht in Aachen gekrönt worden. Bruder, es geht doch um Macht und Bedeutung

der Welfensippe, die Braunschweig als die Stadt Heinrich des Löwen repräsentiert. Von Haldensleben aus lässt sich kein Reich regieren! Ich appelliere an unsere Familienbande. Ich unterstütze dein Bestreben, das Herzogtum von Sachsen wie beim Vater unter deiner Herrschaft wieder herzustellen, aber unterstütz' auch du mich auf der Seite welf'schen Königtums!

Heinrich: Wie stellst du dir die künft'ge Machtverteilung vor?

Otto: Nun, du erhältst Hannover, Celle, Einbeck, Wilhelm Lüneburg und ich die Löwenstadt.

Heinrich: Hannover wird dann Front beziehen gegen Braunschweig! Das versprech ich! *(für sich)* Ich muss die Kröte schlucken, weil seine Truppen jetzt die Stadt besetzt. *(laut)* Aber endgültigen Verzicht, den leist' ich nicht.

Gunzelin: Majestät, als der von euch eingesetzte Marschall erinnere ich euch daran, dass Philipps Heer in Auflösung begriffen ist. Das Geld für unsere Truppen reicht zur finalen Schlacht, im Unterschied zu ihm. Ihr könntet ihn bezwingen und vernichten, hier und jetzt!

Otto: Er hat um einen zunächst 7 Wochen anhaltenden Waffenstillstand mich gebeten. [19)]

Ludolf: Mit Verlaub, Zeit und Geld, die wir nützen könnten, um Braunschweig und die Harzfestungen auszubauen!

Heinrich: Ich unterstütze Ludolfs Vorschlag!

Gunzelin: Majestät, macht keinen Fehler!

Otto: *(einlenkend)* Na, um des lieben Friedens willen: Legt mir morgen eure Planung vor!

5. Szene
Uneinnehmbare Festungen
(Die Vorigen stehen im gleichen Raum, Pläne auf dem Tisch vor ihnen ausgebreitet)

Otto: Okerumlauf und geschlossener Mauerring um St. Aegidien, die eigenständigen Stadtteile Altewiek, Altstadt, Neustadt, Hagen und Sack sollten keine Lücke mehr aufweisen, sondern alle Belagerer abschrecken. [20)]
Gunzelin: Mit diesen festen Mauern wird die Stadt fast uneinnehmbar.
Otto: Nach dem Vorbild des himmlischen Jerusalem in der „Offenbarung" soll die Stadt von mächt'gen Wäll'n umgeben sein und von zwölf Tor'n geschmückt wie Köln. [21)]
Heinrich: An Köln hast du einen Narren gefressen!
Otto: Was hast du dagegen, dass mich die Bürger der Stadt unterstützen und der Erzbischof von Köln mich gekrönt hat? [22)]
Heinrich: Du kriechst dem Klerus zu sehr unter die Soutane, nun auch dem Papst Innozenz III.
Otto: Er unterstützt mich gegenüber Philipp.
Heinrich: Weil du eidlich zu seinen Gunsten auf die Reichsinteressen in Mittelitalien verzichtet und den Nachlass verstorbener geistlicher Fürsten der Kirche zukommen lassen hast. [23)]
Gunzelin: Innozenz ist ein schlauer Fuchs. Ich hätt' das nie beeidet!
Otto: Es ging mir drum, sein Wohlwoll'n gegen Philipp zu gewinnen, den momentanen Sieg. Wie leicht wird solch Vertrag gebrochen!

Gunzelin: Das könnte stimmen. Doch es sollte euer Stil nicht sein!

Ludolf: Verzeiht, neben der Stadtbefestigung sollte auch der weitere Ausbau des Domes St. Blasius als Gotteshaus und Grabeskirche erfolgen.

Otto: Ich erteile euch den Auftrag.

Ludolf: Auch für die Deckengemälde?

Otto: Auch für sie.

Heinrich: Hier liegen Entwürfe für den Ausbau der Burg Lichtenberg bei Freden.

Otto: Ich werde sie wie Braunschweig uneinnehmbar machen.

Heinrich: Ich habe dazu noch einige private Fragen.

Otto: *(zu Heinrich)* Wartet! *(verabschiedet Ludolf und Gunzelin, die abgehen)*

Heinrich: Durch neue Erfindungen wie die Steinschleuder Tribok gibt es im Grunde keine uneinnehmbare Festung mehr. Nimm an, wir sind in der Burg und werden dort belagert, gibt es dann einen Fluchtweg?

Otto: *(sieht sich um, dann flüsternd)* Ein unterirdischer Gang führt zu einer Feldscheune abseits von Freden, von Buschwerk umgeben.

Heinrich: Wo?

Otto: Ich habe es hier auf dem Plan angekreuzt. Aber es muss ganz unter uns bleiben! Schwört ihr das?

Heinrich: Wir sind blutsverwandte Brüder. Ich schwöre. *(Pause)* Und nun, Gott gesegne euch, Bruder, ich will enweg zu meinem Weibe Agnes.

Otto: Einer Stauferin! Denk daran, dass du ein Welfe bist!

Heinrich: Das tue ich fast immer. *(ab)*

6. Szene

(Otto IV. und Gunzelin am gleichen Ort)

Gunzelin: Wir zählen mittlerweil' das Jahr 1204. Philipp hat sich, wie ich's damals schon befürchtete, erstaunlich schnell erholt und bringt mit seinem thüring'schen Feldzug mehr und mehr uns in Bedrängnis. Sein Marschall Heinrich von Kalden scheut auch nicht vor Mord und Totschlag mehr zurück.[24] Seine Neffen töteten in seinem Auftrag Marschall Konrad, Philipps alten Freund, der wegen der gewachs'nen Macht der Hofbeamten die Bereitschaft zeigte, für Frieden mit uns zu verhandeln. Philipp vergoss d'rob Tränen, unternahm aber nichts gegen den von Kalden und Konsorten.

Otto : Philipp hat das Ziel verfehlt, zum byzantinischen Kaiser gewählt zu werden, obwohl er mit Irene von Byzanz einst sich verband und ein gewisses Erbrecht so erworben hat. Balduin von Flandern machte bei der Wahl das Rennen, er ist mein Mann.

Gunzelin: Zugestanden. Doch der Abfall eures Bruders ist für uns ein sehr viel schlimmrer Schlag. Zeigt ihr mir, was er geschrieben?

Otto : *(greift nach einem Pergament)* Hier! Lest es laut![25]

Gunzelin: *(liest)* „Bruder, aus doppeltem Grund bin ich verpflichtet, dir zu dienen: sowohl wegen der Bande des Blutes, als wegen der Treue, die der königlichen Majestät geschuldet wird. Um dich aber in vollem Maße unterstützen zu können, ist es gerecht, dass ich dafür einige Vorteile von dir bekomme. Darum übergib mir die Stadt Braunschweig und die

Burg Lichtenberg, damit ich durch diese Befestigungen stark und sicher, allen deinen Gegnern ringsumher widerstehen kann."

Otto: Heuchelei! Blutsbande und Treueeid gelten heutzutage nichts mehr! Nur Bestechung und Gegengabe zählen! Ich hielt die Forderungen meines Bruders im gemeinsamen welfischen Sinne für ausgeräumt. Stattdessen setzt er mich und unsere Sache zusätzlich unter Druck. Ich schrieb ihm dieses hier zurück. *(reicht Gunzelin eine andere Schrift)*[26)]

Gunzelin: *(liest)* „So nicht, mein Bruder; besser ist es, dass ich mich zuerst der Zügel des Reiches mit voller Gewalt bemächtige, und dass du bis dahin alles, was du willst, mit mir zusammen gemeinschaftlich besitzt. Es soll nicht so aussehen, als ob ich aus Furcht oder Besorgnis etwas täte, was ich vielleicht nachher zu bereuen hätte, und mich dann genötigt sähe, es wieder zurückzunehmen." Ich kann mir denken, dass er nach dieser Antwort sofort die Fronten gewechselt hat. Aber mit dem Herzogtum Sachsen – wie er es erhoffte – ist er von Philipp nicht belehnt worden. Da auch der Landgraf von Thüringen von euch abgefallen ist, geraten wir in große Not!

Otto: Gott wirkt Wunder, wie du im Jahre 1200 gesehen hast. Ich lasse Heinrich erst mal Heinrich sein! Während ihr zum Schutz der Stadt in Braunschweig bleibt, verbring' ich zu des Bruders Ärger das Weihnachtsfest auf Burg Lichtenberg. Eine Freundin von Maria von Brabant, meiner Verlobten, hat sich angesagt. Ich will mich des Pallas-Ausbaus und der eingebauten Warmluftheizung freuen. Mundschenk Jusarius von Blankenburg,[27)] dort Burghauptmann, versprach mir Kurzweil

mit Gesang und Tanz von Troubadouren. Ich werde mich an die Burgen meines Onkels Richard Löwenherz versetzt fühl'n, bei dem ich glücklich war, wenn wir Liedern aus der Sagenwelt des Königs Artus lauschten.
Gunzelin: Nur eines: Vergesst über den Träumen von einer besseren Welt die raue Wirklichkeit nicht!

7. Szene

(Großer Raum im Pallas der Burg Lichtenberg, feierlicher Einzug zum Gastmahl am langen Tisch, voraus König Otto, der Hausherr Jusarius von Blankenburg mit seiner Gattin Leonore, dann Zeremonienmeister Wernher von Salder und Ritter Kuno, die den Raum jeweils mit einer Hofdame betreten.)[28)]

Jusarius: *(zu den Stehenden)* Gestattet mir ein Wort, ehe wir am Tisch Platz nehmen! Nach den kirchlichen Messfeierlichkeiten an den Weihnachtstagen und der Abreise der Geistlichen, sind wir heute unter uns, freizügig den letzten Tag des alten Jahres und den Beginn des Jahres 1205 zu feiern. Als Gast begrüße ich Yvette de Berthaut aus Brabant, Freundin der Verlobten seiner Majestät, die mit einer Gruppe junger Damen angereist ist.
Yvette: *(tritt ein und schwebt geradezu in die geöffneten Arme Ottos)*
Otto: Vous êtez très jolie, amie. Auch seid ihr mir nicht unbekannt, aber als ich euch zuletzt sah, wart ihr wie Maria fast noch Kind!
Yvette: Und ihr seid so gewinnend und so groß wie damals. *(mit Augenaufschlag)* Ich habe immer zu euch aufgeschaut. *(Yvette kokettiert im folgenden recht offen mit Otto)*

Otto: Ihr werdet selbstverständlich neben mir sitzen.
Jusarus: Ich habe aber noch einen weiteren Gast anzukündigen, den berühmten Minnesänger Eilhard von Oberge. *(wird mit Beifall begrüßt)* Majestät nimmt mit unserer charmanten Besucherin wie gewünscht in der Mitte Platz, zu seiner Linken meine Frau Leonore und ich, die Hofdame Sieglinde und Zeremonienmeister Wernher von Salder. Neben Yvette de Berthaut sitzen Eilhard von Oberge, Hofdame Waltraud und Ritter Kuno. Nehmt Platz! Bevor wir das Essen einnehmen, wird uns, wie schon vorher mit uns vereinbart Yvette de Berthaut über die gegenwärtige Mode informieren. Sie hat auch Zeremonienmeister Wernher von Salder über die neuesten Tischsitten informiert. Ich bitte um Aufmerksamkeit! *(nimmt am Tisch Platz)*
Yvette: *(stehend)* Zunächst Dank für Ritter Kuno, der uns sicher hierher geführt hat. *(Beifall)* Oui, alles, was wir heute von höfischer Kultur und Mode wissen, geht von Frankreich aus. Die Bekleidung der Frauen – wie ihr alle wisst – besteht aus Unter- und Obergewand: Cotte und Surkot. Die Zeiten, in denen Gewänder von der Bahnbreite des Webstuhls abhängig waren und die Körperformen höchstens ahnen ließen, sind vorbei. Die Frau von heute legt Wert auf Figur und schlanke Schönheit. Entdeckt wurde vor allem die Taille. Der Stoff musste nun in der Taille ausgeschnitten und am Rock durch Einsetzen von Keilen verbreitert werden. Dazu bedurfte es geschickter tailleurs, wie man in Frankreich die Schneider nennt. Sie verwendeten auch Verschlüsse. Die Kleider wurden nun auf der Seite oder auf dem Rücken in Taillenhöhe aufgeschnitten und

dann mit Bändern zusammengehalten. Olala, natürlich wurden damit Durchblicke gewährt, wie ihr sie hier auch an meinem Gewand seht.

Eilhard: Erlaubt, dass ich an dieser Stelle den Charmeur und Minnesänger Wolfram von Eschenbach zitiere, der etwas übertrieben über die weibliche Taille schrieb:

> Ihr wisst, wie Ameisen pflegen
> um die Mitte schmal zu sein,
> noch schlanker sind die Mägdelein!

Yvette: *(lachend)* Kannte ich noch nicht! Aber tatsächlich: je enger die Taille, umso weiter wurde der Rock, der sich früher zum Swenzelin, der Schleppe, verlängerte, um die Gestalt noch schlanker zu machen. *(klatscht in die Hände)* Manon führt das vor. *(Auftritt Manon)* Sie hat auch lange Hängeärmel, die bis zum Boden reichen. Man trägt das heute nicht mehr. Die mâze, nicht Extravaganz bestimmen das Aussehen. Wichtig ist heute die üppiger verwendete Stoffmenge, die einen von oben nach unten reichenden Faltenwurf ermöglicht. Vivienne zeigt es euch. *(Auftritt Vivienne)* Die Falten folgen den Formen des Körpers und unterstreichen die Schönheit. Minnesänger preisen auch die Geste der Frau, die Überlänge des Rockes beim Gehen mit einer Hand zu raffen. Sophie zeigt uns eine Cotte mit tiefsitzendem Gürtel, der Brustschlitz wird mit einem Fürspan, einer kunstvollen Nadel, geschlossen. Mimi trägt einen Mantel, der von einem Band zusammengehalten ist. Es gilt als vornehm, das Band mit zwei Fingern zu halten. Es hat zwei Schließen, die Tasseln genannt werden. Auf Reisen tragen Männer und Frauen eine Kappe, einen

Umhang mit Knopf und Knopfloch, die wie eine Kapuze gestaltet ist. Das Haar darf zur Zeit frei herabfallen, wird aber zumeist von einem Reif, dem Schapel, zusammengehalten. Der Handschuh der Frau gilt als Pfand der Liebe für ihren Ritter bei Turnieren. *(reicht ihren rechten Otto)* Zur höfischen Kultur gehört auch die Körperpflege, in Städten gibt es Badehäuser, von Männern und Frauen gleichermaßen aufgesucht, auf Burgen sollte es einen Baderaum geben und auf Reisen eine mitgeführte Badewanne. Beachtet aber, nicht sonnenbraun, sondern weiß sei die Haut der vornehmen Dame! Und bartlos der Mann!

Jusarius: Wir danken euch und euren Damen für den äußerst charmanten Vortrag! *(Beifallklatschen, die jungen Damen gehen ab)* Ich übergebe dem Zeremonienmeister das Wort, um uns auch in die französischen Tischsitten einzuführen. [29)]

Wernher: *(erhebt sich)* Danke! Zum Speisen gereicht werden heute Teller, dazu sogenannte Bestecke, bestehend aus Messer, Löffel und Gabel. Es gilt als vornehm, Fleisch, Brot und Gemüse mit dem Messer zu schneiden und zu zerkleinern. Wichtigste Werkzeuge der Tafelnden bleiben die Hände, mit denen die Nahrung gegriffen wird. Neuerdings kann man aber auch mit dem Löffel in die gemeinschaftliche Suppenschüssel langen, anstatt mit den Händen hinein zu greifen. Am vornehmsten ist der sichere Gebrauch der Gabel, um Nahrung an den Mund zu führen. Bedienstete können auf Wunsch helfen, Speisen zu zerkleinern und auf der Gabel vorzulegen. Keineswegs erlaubt ist es, sich in das Tischtuch zu schneuzen, den Mund daran abzuwischen oder mit dem Messer in den

Zähnen zu bohren. Die Weinkrüge werden zu Zweien benutzt, deshalb gehört es zum guten Ton, sich den Mund am Ärmel abzuwischen, ehe man trinkt. Nach dem Essen sind eifrig Spucknäpfe und Handwaschbecken zu benutzen. Speisereste und abgenagte Knochen bitte nur dann unter den Tisch werfen, wenn Hunde und Bettler zugelassen sind. Auf alle Fälle gilt es für die vornehme Gesellschaft, mâze zu halten, Unmäßigkeit beim Essen, Trinken und Jähzorn im Umgang mit anderen Menschen sind zu vermeiden. Aber das wisst ihr selbst. Soviel nach Absprache mit Yvette. Ich wünsche allen, mit Genuss zu speisen. Zum Auftragen werden uns die Musiker ihre Kunst zeigen, zuletzt auch der Minnesänger Eilhard von Oberge mit einem eigens verfassten Lied. *(Applaus von allen Seiten. Musik, Tätigkeit der Bediensteten, Vorhang)*

8. Szene

(Otto und Yvette allein)

Otto: Endlich allein. Ich habe euch immer anschauen müssen, das Band an eurem Kleid stand so verführerisch offen!
Yvette: Im Vertrauen. Ich habe es für euch extra lose gebunden.
Otto: Meine Hand lag auf der Lauer zuzugreifen. Aber ich gebot ihr, stillzuhalten und höfisch mâze zu bewahren.
Yvette: Olala, ihr Ärmster. Jetzt dürft ihr es!
Otto: *(sie umarmend und berührend)*
Yvette: Ich bin stolz, dass ihr mich begehrt. Ich habe diesen Augenblick herbeigesehnt.

Otto: Mein Onkel Richard sprach oft davon, er brauche manchmal die Maßlosigkeit und Wildheit des Löwen, als Gefährtin einen Sukkubus, einen Weibsteufel, der auf ihm sitzt und ihm sein heißes Begehren zeigt. Hohe Minne hin und her. Einer Frau wie dir gegenüber zeige ich die Wildheit aller Welfen. Du bist die Verführung selbst. Würdest du noch heute Nacht bei mir liegen und mein Sukkubus sein?
Yvette: Heute Nacht und immer, so lang du mich begehrst.
Otto: Und was sagen wir Maria?
Yvette: Oui, ich erzähle ihr von dir. Aber sie muss ja nicht alles wissen. *(beide ab)*
Sieglinde: *(tritt aus einem Versteck hervor)* Der König ist ein Schürzenjäger. Aber er ist mit seinen 29 Jahren noch ein stattlicher Mann, und ich wollte, er würd' auch einmal Blicke auf mich werfen. *(Vorhang)*

9. Szene
Goslar muss fallen
(Braunschweig, Burg Dankwarderode: Otto, Gunzelin, später Boten)
Gunzelin: Die Kaufleute sind mit den in Lichtenberg geprägten Brakteaten nicht zufrieden. [30)]
Otto: Ich ließ sie prägen, weil es mir an Silber mangelt. Der Hoftag 2006 brachte Gottseidank außer der Kunde vom Abfall des Böhmenkönigs keine weitere Hiobspost.
Gunzelin: Schlimm genug! Von Kalden wütet überall!
Otto: Ich weile gern auf der Burg Lichtenberg. Aber ihr habt recht, Goslar, muss fallen! Wer die Stadt beherrscht, der hat den Rammelsberg, des Harzes Silber!

Gunzelin: Mir ist zu Ohren gekommen, dass euer Bruder Heinrich heimlich sich mit dem Goslarer Stadthauptmann Hermann von Wohldenberg getroffen habe. Wahrscheinlich will er den Goslarern Hilfe gegen euch leisten.
Otto: Mir träumte, ein Dieb raubte mir des Nachts meine Krone. Ein schrecklicher Traum! Ich ahne, nein ich weiß es, wessen Züge er getragen hat! *(Lärm vor der Tür, ein abgehetzter Bote erscheint)*
Bote: Majestät, furchtbare Botschaft! Über Nacht ist die Burg Lichtenberg ohn' jedes Blutvergießen in die Hände der Brüder Hermann und Heinrich von Wohldenberg gefallen! [31)] Burghauptman Jusarius wurde im Schlaf überrascht und gefangen genommen.
Otto: *(greift sich ans Herz)* Ich muss mich setzen. *(nimmt Platz, nach einiger Zeit)* Ooh, ich weiß, wie das geschehen konnte! Mein Bruder kennt den Gang, der aus der Festung führt. Oh, du Eidbrüchiger, so verrätst du unsre Sippe! Heinrich, welches Bubenstück von dir! *(entlässt den Boten mit einer Geste)*
Gunzelin: Wir müssen Gegenwehr ergreifen!
Otto: Aber wie? Die Burg ist uneinnehmbar durch uns selbst!
Gunzelin: Könnten wir nicht ebenso den Gang ...?
Otto: Sie werden Fallen eingebaut und ihn zugeschüttet haben!
Gunzelin: Und wenn den Tribok wir zum Einsatz brächten?
Otto: Ich möchte Lichtenberg nicht ganz zerstören! Ihr wisst nicht, was die Festung mir bedeutet! Aushungern sollten wir die Burgbesatzung, denn ewig

kann sie sich nicht halten. *(Lärm vor der Tür, ein weiterer Bote erscheint)*
Otto: Soll mein Traum wahr werden? Schon wieder ein Bote! – Welche Kunde habt ihr?
Bote: Die Bürger der Stadt Köln bitten dringend euch um eure Hilfe. Heinrich von Kalden verwüstet mit seinem Heer alle Nachbarorte an dem Rhein. Philipp will in Aachen sich zum König krönen lassen und somit auch formal erfüllen, was zur Königskrönung nötig ist.
Otto: Teilt den Kölnern mit, dass ich im Eilmarsch nahe. *(Bote ab)* Gunzelin, versichert euch des Bruders Wilhelm, zur Belag'rung Lichtenbergs und geht inzwischen gegen Goslar vor! Die Wohldenberger soll'n noch unsre Hand zu spür'n bekommen!
Gunzelin: Ich sollte euch mit meinen Heer nach Köln begleiten!
Otto: Nein ich erwart' zu meiner Hilfe die Heere meines Schwiegervaters, des Herzogs von Brabant, und ebenso des Erzbischofs von Köln.
Gunzelin: Ganz wie ihr wollt! Doch vertraut nicht allen sogenannten Freunden!

II. Akt
Aus dem Dunkel zum Licht
1. Szene

(Otto IV. und Gunzelin 1207 in einem Raum der Burg Harliberg bei Goslar)

Gunzelin: Hättet ihr doch nur auf mich gehört!
Otto: Ich war vom Unglück wie verfolgt! Der Eilmarsch hat mich so ermüdet, dass entkräftet ich vom

Pferde fiel. Getreue Bürger Kölns war'n aufmerksam und bargen mich fast leblos in der Sicherheit der Stadt. Noch ahnt' ich nicht, was dann geschehen sollte. Der Erzbischof ist von mir abgefallen, weil er Schulden hat und von Philipp sich bestechen ließ. Herzog Heinrich von Brabant, auf dessen Hilfe ich vertraute, ward mit 9 000 Silbermark bestochen und schickte prompt mir keine Hilfe.

Gunzelin: Ich erkenn' die Handschrift des von Kalden!

Otto: Vom Krankenbett aus musst' ich tatenlos verfolgen, wie Philipp Stadt für Stadt im Norden unterjochte.

Gunzelin: Braunschweig nicht und Goslar, das ich einnahm.

Otto: Dank euch, tausend Dank!

Gunzelin: Entkommen konnte Wohldenberg, auch Lichtenberg belagert' ich vergeblich und konnt' es nicht erstürmen.

Otto: Ihr habt mit der Erob'rung Goslars und des Rammelsberges mehr getan als ich. Beim Ausbruch aus den Mauern Kölns ward ich bedrängt und schwer verwundet.

Gunzelin: Weil ihr ganz vorn gekämpft, und alle Feinde auf euch sich konzentrieren konnten!

Otto: Walram von Limburg rettete mich durch sein beherztes Handeln. Er brachte mich auch sicher her nach Braunschweig.

Gunzelin: Dank ihm! Wie ich sehe, seid ihr wieder hergestellt.

Otto: Ja, leidlich! Philipp fühlt sich endgültig als Sieger, mich stört die Überheblichkeit. Ich will nicht

miterleben, wie in Köln er einzieht. Dafür werd‘ ich die englischen Verwandten wiedersehen, die mir Geld versprochen haben, meine Sache fortzuführen.[32] Und wenn ich eines aus Geschehenem gelernt, dann: „Für Bestechung sind auch Blutsverwandte, an Vertrag Gebund‘ne und Vasallen zum Verrat bereit.“ Philipp wird sich wundern, wenn auch ich wie er Gefolgsleute besteche!
Gunzelin: Ich bin mit meiner Pfründe und als Marschall mit dem Dienst für euch zufrieden. Zwar verlort im Reich an Macht ihr, aber nie das Geld, die Freunde zu belohnen.

2. Szene
(Philipp und Heinrich von Kalden zur gleichen Zeit im Rathaus von Nordhausen)

Heinrich: Was soll‘n die Briefe an den Widersacher? Was soll das Angebot, die kleine Tochter Beatrix als Frau ihm anzubieten?[33] Für’n Verzicht aufs Königtum das Erbrecht und damit ein neues Königtum in Aussicht ihm zu stellen?
Philipp: Es solln die Staufer und die Welfen miteinander sich versöhnen. Es ist doch nicht in Ordnung, dass das ganze Reich in Streit verwickelt und uns‘res Haders wegen auseinanderfällt. Dass allenthalben Stellvertreterkriege wüten und im Reich regiert das Chaos!
Heinrich: Zum Glück ist er darauf nicht eingegangen und hat den Handel um das Königtum entrüstet abgewiesen. Ich werde den Briefwechsel im ganzen Reich bekannt machen und seinen Ruf schädigen, in-

dem ich ihn als „tollküen, aber tumb“ bezeichne. Hat er noch etwas in der Rückhand? Merke: Nur den politisch toten Feind kannst du zum Freund dir machen! Ich gebe dir den Rat: Du musst als König noch viel härter werden! Du hast den schwer Verwundeten schon fast in deiner Hand gehabt und lässt ihn noch entkommen! Ha! Bei mir lebte er schon längst nicht mehr! Du musst Konrad von Scharfenberg, Kuno von Münzenberg und mir mehr Macht verleihen, wenn du Kaiser werden willst. Papst Innozenz III. lenkt schon ein, er weiß, dass er mit Otto nicht mehr rechnen kann. Du musst übrigens gegen Walter von der Vogelweide vorgeh‘n. Sein Spießbratenspruch gefällt mir gar nicht! *(ab)*

Philipp: Walter meint die Unzufriedenheit der alten Fürsten an von Kalden und den Reichsbeamten. Ich kann das Duzen auch nicht ausstehn. Warum lass ich mir von solchen Leuten alles nur gefallen?

3. Szene

(Otto und Gunzelin im Feldherrnzelt bei der Belagerung von Hildesheim, später 3 Boten)

Gunzelin: Wir schreiben den 24. Juni 1208. Ich erwarte unseren Unterhändler aus der umstellten Stadt.[34)]

Otto: Ich beginne zu verzweifeln. Was ist aus meinen Plänen für Toleranz und eine bess‘re Welt geworden? Stadt für Stadt, Burg für Burg in meinem Reich muss einzeln ich erobern und mit Geld bestechen.

Gunzelin: Ich glaube‘, der in die Stadt geschickte Bote naht.

1. Bote: *(tritt näher)* O Schmach! *(liest von einem Pergament)* „Der Bischof, der zu Gast weilende Hermann von Wohldenberg und die Bürger von Hildesheim richten aus, sie wollten ihre Nachtgeschirre über die Mauern ausleeren auf Otto. Sie stünden treu zu Philipp und dächten nicht daran, die Stadt zu übergeben.

Gunzelin: *(heftig)* Man sollte ein Exempel statuieren und die Stadt dem Erdboden gleich machen! Philipp ist zur Zeit in Bamberg, er kann der Stadt nicht rasch zur Hilfe eilen!

Otto: Verlieret nicht die mâze! Sie und milte zeichnen gute Herrscher aus. Gut Ding braucht Weile. *(gibt dem Boten ein Zeichen abzugehen. Der stößt am Zelteingang fast mit einem zweiten Boten zusammen)* Was gibt es jetzt schon wieder?

2. Bote: Triumpf! Ein Wunder ist geschehen! Philipp ward das Opfer eines Attentats in Bamberg. Pfalzgraf Otto von Wittelsbach hat ihn und seinen Truchsess, den von Waldburg, totgeschlagen. Andere Ministeriale konnten fliehen. Heinrich von Kalden weilte zu der Zeit auf der Burg Trifels.

Otto: Ich bin betroffen. Einen solch schmählichen Tod hat Philipp nicht verdient!

Gunzelin: *(misstrauisch)* Habt ihr nicht doch ein bisschen „mitgespielt"?

Otto: Was fällt euch ein? Ich tret dem Feind grundsätzlich mit offenem Visier entgegen. Hinterhält'ger Mord ist nicht mein Stil! So etwas überlasse ich von Kalden und Konsorten!

Gunzelin: *(nachdenkend)* Ich vermute dahinter allerhöchste Kreise unter den Reichsfürsten, die bekanntlich über die zunehmende Macht der Ministerialen erbost sind.

Otto: Die Fürstengesellschaft gleicht einem Wespennest!
Gunzelin: *(geht wegen des Lärms draußen zum Zelteingang, Mauerschau)* Ein Bote aus Hildesheim naht.
3. Bote: *(wirft sich auf den Boden)* Gnade, hoher Herr! Der Bischof und die Bürger der Stadt Hildesheim huld'gen Otto in alter Treue und öffnen ihm sofort die Tor' der Stadt. Graf Hermann von Wohldenberg lässt seine Ehrerbietung euch bekunden und rechnet mit eurer „milte" und Gnade. Er übergibt euch kampflos die Burg Lichtenberg.
Otto: *(nach einem kurzen Besinnen)* Noch heute werde in Hildesheim ich einzieh'n, aber Gnad' vor Recht ergehen lassen. *(lässt den Boten aufstehen und abgehen, dann zu Gunzelin)* Nicht viele Städte in Norddeutschland werden mir jetzt noch Widerstand leisten! So schnell geht das! Wenn ich die Entwicklung vorausgesehen hätte, hätte ich dem Bischof von Halberstadt nicht 800 Silbermark an Bestechungsgeldern übergeben. [35)] Mit dem Heer bedroh'n wir nun den Erzbischof von Magdeburg. Ich biete ihm das ungeliebte Haldensleben und Geld zum Dombau an. Wetten, dass auch er die Fronten wechselt? Und mit ihm Herzog Bernhard von Sachsen, Markgraf Dietrich von Meißen und der Landgraf Hermann von Thüringen?
Gunzelin: Sie waren Widersacher Philipps, vor allem aber des von Kalden! Meine Hochachtung! Ihr entwickelt taktisches poltitisches Geschick!

4. Szene
(Die Konspiration der Ministerialen)
(Heinrich von Kalden, Konrad von Scharfenberg und

Kuno von Münzenberg beraten sich im Juli 1208 in einem Raum der Festung Trifels) [36)]

Konrad: Wir sind nur knapp dem Tod entronnen und verdanken unser Leben der Tatsache, nicht bei Philipp im Zimmer gewesen zu sein.
Kuno: Der Anschlag galt vermutlich uns genau wie Philipp.
Heinrich: Wir müssen äußerst klug sein, wenn die Fäden unsrer Macht wir in der Hand behalten wollen! Eigentlich gibt es nur drei Möglichkeiten unsres Handelns: Otto gleichfalls durch gedingte Mörder zu beseitigen, den Kampf mit Otto für die Staufer fortzuführen, bis der erst 12 Jahr alte Friedrich von Sizilien selber handlungsfähig ist, oder in den sauren Apfel beißen und mit Otto Frieden schließen.
Konrad: Lasst mit Sorgfalt uns entscheiden! Einen Mord zu planen halt‘ ich nicht für glücklich; weil als Hintermänner schnell entlarvt wir sind, und wissen wir, was dann erfolgt?
Kuno: Denkt an den Widerpart der alten Fürsten! Auch wenn den Kampf wir weiterführten gegen Otto und für Friedrich, wer stünde von den Fürsten wirklich hinter uns? Wir haben, denke ich, durch unsre Härte wenig Freunde uns gemacht im Reich!
Heinrich: Eben deshalb müssen Otto wir für uns gewinnen. Die Macht behalten, aber Otto steuern und als Schild benutzen, um die Wut der alten Fürsten von uns weg auf ihn zu lenken. *(raunend)* Und wenn Friedrich volljährig geworden ist……
Konrad: Wir halten ihm als künft'gen Stauferkönig alle Möglichkeiten offen!

Kuno: Sauber! Aber wie bekommen wir den Fisch Otto IV. an den Haken?
Heinrich: Wir appellier'n an seinen Friedenswillen, seine milte, seinen Ehrgeiz und an seine ritterliche Ehre! Passt auf: wir bieten den sofort'gen Waffenstillstand an, der einen allgemeinen Landfrieden ermöglicht, liefern ihm die Reichsinsignien aus, die hier liegen, um die ordnungssichre Königskrönung zu gewähren und bieten Philipps neun Jahr alte Tochter Beatrix zur Frau ihm an, um Staufer und auch Welfen miteinander zu versöhnen. Die Verlobung könnte bei der neuen Machtfülle vor allem die gegensätzlichen Interessen der großen Fürsten zum Verstummen bringen.
Kuno: Genial! Wir werden nämlich zur Bedingung machen, die diplomatischen Kontakte von Philipps Hof in unsrer Hand zu halten und wie bisher die Reichsgeschäfte wahrzunehmen, d. h. doch an den Hebeln der erworb'nen Macht zu bleiben und ermöglicht uns, Otto trotz der welf'schen Zugeständnisse an den Papst zur staufischen Politik zu drängen, d. h. die Position des Welfen bei dem Lateran zu schwächen.
Konrad: *(reibt sich die Hände)* Großartig! Und als erstes werden wir ihn dazu bringen, Recht zu sprechen über Philipps Mörder, die eigentlich auf seiner Seite standen und die Alleinherrschaft ermöglicht haben! Das wird ihm viele Sympathien kosten.
Heinrich: Wir werden alles tun, was uns die Macht erhält! Noch heute werde ich ein Dokument an Otto schicken, in dem ich die besprochenen Angebote und Bedingungen fixiere. Mit Sicherheit kann er nicht anders, als uns auf den Leim zu gehen!

5. Szene
Die Entscheidung
(Otto und Gunzelin beraten sich kurze Zeit darauf über das Angebot von Kaldens in der Braunschweiger Burg Dankwarderode)

Otto: Wüsst‘ ich nicht, dass der von Kalden vordringlich die eigenen Interessen im Sinne hat, so könnt‘ ich vieles von ihm Angebot‘ne akzeptieren. Ich meine: die Aussöhnung von Welfen und Staufern, die Durchsetzung des allgemeinen Landfriedens, die vollgültige Königskrönung! Dem Reich könnte das endlich Ruhe und Wohlstand bescher‘n, Literatur und Kunst zum Blühen bringen.
Gunzelin: Für mich ist mit Heinrich von Kalden zu verhandeln gleichbedeutend wie ein Pakt mit dem Leibhaftigen! Denkt darüber nach, was er von euch verlangt! Ihr habt zur Zeit die Macht, auch ohne Staufer und von Kaldens Parasiten das Reich zu führen und zu befrieden. Den Ministerialen würden die Reichsfürsten nicht folgen, und Friedrich von Sizilien ist zu jung, um in die Auseinandersetzung einzugreifen! Außerdem spricht er nur welsch.
Otto: Da ist die Verlobung mit dem neunjährigen kränkelnden Kind, die ich schon einmal ausschlug. Aber was tun Herrscher nicht im Dienst der Staatsraison? Ich bin schon 33 Jahre alt und noch verlobt mit Maria von Brabant. Die Heirat nun mit Beatrix wird ihren Vater in die Dienste Philipps, des Königs von Frankreich, treiben, der England und das Deutsche Reich als seine Gegner ansieht. Aber was bedeutet das schon neben Kaiserkrönung und dem Landfrieden im Reich?

Gunzelin: Ich unterrichtete den Vatikan bereits über die Aktivitäten des von Kalden und Konsorten, in deren Weiterbeschäftigung ich allerdings den Pferdefuß erkenne.
Otto: Ich werde nicht umhin können, Heinrich von Kalden, Konrad von Scharfenberg und Kuno von Münzenberg mit wohlklingenden Titeln weiter zu beschäftigen, ihr aber bleibt mein nächster Vertrauter und Marschall meiner Truppen. Ich werde auch nicht Philipps Fehler machen und keine Vertreter der Reichsfürsten mehr in den Beraterkreis mir zuzuordnen. Die Archivalien sind in stauf'scher Hand, aber darin sehe ich zur Zeit kein Übel. Philipps Witwe ist verstorben, und durch Beatrix ererbe ich das schwäb'sche Herzogtum!
Gunzelin: Nehmt das Amt des Richters ihr für Philipps Attentäter an?
Otto: Der König ist stets höchster Richter.
Gunzelin: Ich erkenne einen Fallstrick! Dass ihr nur nicht d'rüber stolpert, anstatt des Ziels, neutral zu bleiben. Bedenkt: Hinter diesen Mördern könnt' ein ganzer Kreis von hohen Fürsten sich verbergen, die eigentlich auf eurer Seite standen!
Otto: Es sei so, wie es sei! Bis zum Hoftag in Frankfurt am 11. November soll ich die Entschlüsse treffen. Ich habe sie getroffen! Hier und jetzt. Ich nehme die Bedingungen von Philipps Ministerialen an.

Lied eines Spruchdichters
Nun bleibt es doch beim Alten,
bei Scharfenberg und Kalden.
Mit Otto wollten Fürsten geh'n,

die Niederen nicht vor sich seh'n,
die an sich rissen sacht
die königliche Macht.
Für Otto bald von Kaldens List
der Anfang seines Endes ist.

6. Szene

(Zimmer im Frankfurter Rathaus, nach den Geschehnissen des Hoftages)[37)]

(Konrad von Scharfenberg und Heinrich von Kalden, später Otto und Gunzelin)

Konrad: Auf dem Hoftag ist alles wie geplant gelaufen. Wir haben ihm die Reichsinsignien übergeben, die in Trifels lagerten, und Beatrix als Verlobte zugeführt, deren Mündel ich auch weiter bleibe. Der Auftritt des Kindes ist von einem Dichter aufgeschrieben worden. Die Klage über den Tod des Vaters war gut inszeniert und hat alle gerührt. *(Vorgetragen von einem jungen Mädchen)*

Ouch quam das megetin
Koninc Philippus tochterlin
Dha mitten an dhen rinc
Dha geghenwartich was der koninc
Und dhe vursten alnetalle
An eyme zuchtelichen valle
Leyz sich Beatrix daz megetin
Daz so scone was unte fin
Vor dhes koninghes vuze nidher
Mit grozen zarnen screy se sidher
Und bat ober dhen mordere wrache
dhe iren vater sunder sache
hette gemordet und irslagen.

Alle dhe daz gesagen
Beydhe de jungen und dhe alden
Ir neheyn sich dhes kundhe unthalden
Se ne weyneten mit der juncvrowen
Durch daz jamerliche scowen

Auch kam das Mägdlein,
König Philipps Töchterlein,
da mitten in den Ring,
wo der König gegenwärtig war
und der Fürsten ganze Zahl,
ließ sich züchtig niederfallen
Beatrix, das Mägdelein,
das so schön war und fein,
vor des Königs Füße.
Mit großen Tränen schrie sie umher
und forderte für den Mörder Rache,
der ihren Vater ohne Ursache
ermordet und erschlagen hatte.
Alle, die das sahen,
die Jungen und die Alten,
niemand konnte sich enthalten
mit der Jungfrau zu weinen
über den jämmerlichen Anblick.[38)]

Heinrich: Mich ärgert aber, dass Philipps Weib ihrem Mann so bald in den Tod gefolgt ist. Ihr Erbe bedeutet für Otto einen gewaltigen Machtzuwachs. Meine Anklage wegen des Attentats gegen 16 beteiligte Ritter, Otto von Wittelsbach, Bischof Ekbert von Bamberg und Markgraf Heinrich von Istrien *(zur Schwester nach Ungarn geflohen)*, brachte in Abwesenheit der Delinquenten Otto zum Richterspruch der Recht- und

Friedlosigkeit, d.h. Sie verloren ihre Lehen, ihr Erbgut und alle Würden und sind im Reiche vogelfrei.
Konrad: Ich hab' das grimme Schweigen vieler Fürsten mit Interesse wahrgenommen, es besagte wohl genug.
Heinrich: Schade, dass wir Heinrich nicht im Namen seines Bruders schröpfen konnten wie geplant! Er hat rechtzeitig eingelenkt, fiel vor seinem Bruder nieder und erlangte so Verzeihung. *(Otto und Gunzelin betreten den Raum.)*
Heinrich: *(zu Otto)* Wir sprachen über euren Bruder Heinrich.
Otto: Er ist für mich kein Gegner mehr. Wir haben uns versöhnt, er tut das Seine, des Reiches Westen für mich zu befrieden. Der staufische Süden und der welfische Norden sind mittlerweile sowieso geeint. Meine Verlobung mit Beatrix hat alle Reichsfürsten an einen Tisch gebracht. Endlich, endlich sehe ich die Chance, den Handel und die Reisenden vor Wegelagerern zu schützen und alle Bürger zu befrei'n von überhöhtem Zoll, sie zu bewah'rn vor Wucher oder falscher Waage!
Gunzelin: Für Autoren, Künstler, Wissenschaftler beginnt jetzt eine goldne Zeit!
Otto: Ab sofort beginne ich mit meinem Königsumritt,[39)] dann treffen wir uns zu Pfingsten 1209 alle zum Hoftag in Braunschweig, ehe ich die Italienreise antrete, um mich zum Kaiser krönen zu lassen. Papst Innozenz III. hat schon dazu geladen.[40)]
Heinrich: Lasst euch von uns über die staufische Reichspolitik informieren und beraten! Wir haben eine jahrhundertelange Erfahrung! Vor allem: Seid nicht zu

Zugeständnissen bereit! Wenn dem Papst ihr euren kleinen Finger reicht, nimmt er die ganze Hand!
(Vorhang)

III. Akt
Der tiefe Fall
1. Szene
(1209 Monolog Ottos in einem Landhaus in Apulien/ Italien)

Otto: *(am Fenster)* Es ist Oktober, doch südlich schön das Abendrot, im lauen Wind die Pinien und Zypressen, der würz'ge Wind vom Meere her, ein Land zum Träumen und Vergessen. Nun steh ich auf dem Höhepunkt der Macht, bin Kaiser und vom Papst in Rom gekrönt. [41)] Doch droht Malaria, ich fiebere, fühl' mich geschwächt und wär jetzt lieber wieder unter Menschen deutscher Zunge. Ich muss besonnen sein und wägen das Interesse Innozenz', des deutschen Königtums und kaiserlicher Macht. Ich fühle mich auf schmalem Grat und spüre die Gefahren, abzustürzen. Was sage ich dem Hofmarschall von Kalden, der nun Entschlüsse will, und Gunzelin? Noch weiß ich's nicht, ich fühle mich nur krank.

2. Szene
(Heinrich von Kalden und Gunzelin von Wolfenbüttel treten ein)

Heinrich: Majestät, die Truppen steh'n bereit, den kaiserlichen Anspruch durchzusetzen. Setzt durch die imperiale Macht des großen Karl! Ihr gabt Ver-

sprechen an den Papst, den Kirchenstaat betreffend, die nicht haltbar sind, schon gar nicht vor dem Anspruch eures Kaisertums!
Gunzelin: *(zu Otto)* Gemach! Ihr habt beeidet den Verzicht auf's mittlere Italien, als ihr noch König wart. Der Papst wird euch mit Kirchenausschluss strafen wie die meisten Kaiser schon vor euch. Erspart, ich bitte euch, die Wallfahrt nach Canossa!
Heinrich: Wir sollten doch das Machtverhältnis klären. Fest steht: die weltlich' Macht liegt in der Hand des Kaisers, der Papst ist Wächter nur der Seelen, nur über sie, er ist kein Landesherr! Hier ist das große Heer, um unsern Willen durchzusetzen und dem Papst zu zeigen, was des Papstes ist! Die deutschen Kirchenfürsten stehen fest auf eurer Seite!
Gunzelin: Wenn schon das mittlere Italien, dann woll'n wir auch das Königreich Sizilien rückerobern, wo Heinrich VI. minderjähr'ger Sohn auf seine Herrschaft wartet. Er könnt' von Otto sie zum Leh'n erhalten.
Heinrich: *(erschrickt und macht sich heimlich Notizen)*
Otto: Ich bin jetzt Kaiser, muss als Kaiser handeln, wenn auch die Vernunft mich mahnt. Ja, ich entscheide mich, die Würfel sind gefallen. *(leise zu sich)* Doch mir behagt es nicht, des Eidesbruchs beklagt, vorm Papste da zu steh'n. *(Vorhang)*

3. Szene
(Otto und Gunzelin im Oktober 1210 am gleichen Ort)

Gunzelin: Was habt ihr nun vom Feldzug nach Italien, außer eurem Titel und dem Hader mit dem Papst? Periodisch packt euch eure Krankheit, und

mit dem Pfaffenkönig Friedrich droht ein neuer Feind. Am meisten aber fürchte ich die demoralisierte Truppe. Wir warten hier schon fast ein Jahr auf die Eroberung der Insel.
Otto: Sie wird erfolgen. Aber Innozenz verkündete bei diesem Schritt die off'ne Todfeindschaft und meinen Untergang. *(Black)*

4. Szene
(Kuno von Schwarzenberg und Heinrich von Kalden)

Kuno: Die Entwicklung gibt uns recht und verbreitert unsre Macht. Wir sind Staufer, werden's bleiben und unterstützen im Geheimen den herangewachs'nen Friedrich.
Heinrich: Seit Februar lebt Otto schon im Kirchenbann. Das wussten er und wenige Getreue nur; denn Innozenz hielt eine Hintertüre offen. Doch nach dem Hoftag in Milano und dem Feldzug durch Italien verkündet' er in welscher Sprache öffentlich den Bann. Nun, da der Welfe vor dem Sprung zur Insel steht, schickt er die Nuntien aus nach Deutschland, um seinen Bannspruch öffentlich zu melden und seine Untertanen von dem Treueid zu entbinden.
Kuno: Wenn er noch lange ferne bleibt von Deutschland, werden sich die Fürsten von ihm trennen und Friedrich eine Chance geben. Wie werden wir uns dazu stellen?
Heinrich: Nun, zunächst verhalten wir uns loyal. Das ist doch klar! *(Bote klopft an der Tür)* Herein! *(Bote tritt heran)* Was gibt es?
Bote: Seid ihr Heinrich von Kalden?

Heinrich: *(nickt)*
Bote: Für euch persönlich hab ich dieses Schreiben. *(reicht es Heinrich)*
Heinrich: *(gibt ihm Zeichen, abzugehen, bricht das Siegel und liest vor)*[42] „König Ottokar von Böhmen, Erzbischof Siegfried von Mainz, Erzbischof Albert von Magdeburg, Bischof Ekbert von Bamberg, Hermann II., Landgraf von Thüringen und Pfalzgraf von Sachsen, Otto von Andechs-Meranien und Pfalzgraf von Burgund geben nach der Verkündigung der Exkommunikation Ottos ihre Abkehr vom Kaiser Otto bekannt und haben Friedrich II. zum neuen röm'schen Kaiser gewählt." *(nach einer kurzen Pause)* Die Dinge kommen in Bewegung.
Kuno: Otto wird genötigt sein, den Feldzug gegen Friedrich auf der Insel zu beenden und so schnell wie möglich Richtung Alpen aufzubrechen. Aber dieser Abbruch der Erob'rung kurz vorm Ziele wird sich rächen, meine ich.
Heinrich: Egal sein soll es uns!

5. Szene
Vom Unglück verfolgt, vom Zufall geschlagen

(Ludolf von Volkmarode und Gunzelin 1212 in der Burg Dankwarderode in Braunschweig)[43]

Gunzelin: Der Kaiser lässt fragen, wie weit der Bau an der Stiftskirche St. Blasius gediehen ist. Er will im Lichte des siebenarmigen Leuchters nicht nur die Grabstätte der Eltern, sondern auch seine eigene entstehen sehen.
Ludolf: Wir waren fleißig. Das Langhausdach ist bis zwischen die Westtürme durchgezogen, der Giebel

wird von einem Radfenster und einem hochragenden Türmchen geschmückt. Zur Kaiserempore gibt es durch eine Bogentür vom Pallas her einen Zugang. Auch die Deckengemälde sind fast fertig.
Gunzelin: Otto hat mit Freude es gehört. *(Der Abt von Walkenried, Ottos Beichtvater, tritt herein)*
Gunzelin: *(zu Ludolf)* Wir werden das Gespräch in Kürze weiterführen. Lasst mich mit dem Abte jetzt allein! *(Ludolf ab)*
Abt: Ich mach mir Sorgen um den Kaiser. Er ist verzweifelt, resigniert. Soll dieser Streit im Reiche ewig währen? „Fällt auch den Fürsten Besseres nicht ein, als Friederich zu wählen!", rief er aus. „Als ob es nicht schon Krieg gegeben hätte, der uns alle ins Verderben führt', Land um Land und Stadt um Stadt? Ist der Landfried euch so leid, der Sicherheit und Ordnung brachte unter meiner Hand? Bedarf es neuer Korruption?" Er fühlt' vom Fluch des Papstes und vom Unglück sich verfolgt. Ich bitte euch als Marschall, gebt mir Auskunft, was gescheh'n!
Gunzelin: Sein größter Fehler ist sein Zaudern, nicht bis an's Ziel zu gehen, wenn der erste Schritt getan. Er hatte Macht, den Papst zurecht zu weisen und ebenso den Inselfürst. Doch blieb er passiv, und der alte Gegensatz von Guelfen – Ghibellinen brachte auch Italien Anarchie.
Abt: Ist daran nicht auch seine Krankheit schuld?
Gunzelin: Ganz sicher, der rasenden Entschlossenheit folgen Schwäche bald und Reue. Da der Weg durch's kaisertreue Norditalien für Friedrich zu gefährlich war, zog mit seinem Heer er durch die Schweiz. [44)] Otto, zögernd, kam zu spät. Friedrich zog 3 Stunden noch

vor Otto in das Bistum Konstanz ein und betrat zum ersten Male deutschen Boden. Der Bischof ließ sich durch das laute Verlesen des päpstlichen Bannbriefes dazu bringen, dem Kaiser die Stadttore zu verschließen. Darauf wollte Otto den Sizilianer vor der Festung Breisach rasch zum Kampfe stellen. Die Bürger Breisachs aber meuterten ob seiner marodiernden Söldner und jagten Otto weg. Seitdem öffnen Stadt um Stadt und Burg um Burg dem Gegenkaiser ihre Tore. Otto sucht seither Bestätigung bei Frauen. Er ist zu einem Frauenheld geworden. Keine sexuelle Spielart ist ihm fremd.
Abt: Er ist nach seiner Aussag' Junggesell' geblieben, weil er nicht des Eh'bruchs schuldig werden wollte.
Gunzelin: Ich mache mir Gedanken. Otto scheint die Realität des Bürgerkriegs dadurch zu verdrängen, dass er Minnesänger an den Hof sich holt und selber dichtet, Gesellschaften von Rittern gründet, um den runden Tisch versammelt und der König-Artus-Dichtung lauscht. Noch schlimmer, weil frivoler, ist das Frühlingsfest, das in den Wäldern er von Nürnberg plant.
Abt: Es ist wohl so, dass er das Leben noch genießen will in vollen Zügen, ehe es vorüber ist. Aber ich verwies ihn auf den einz'gen Weg, der Hoffnung lässt, den Frieden mit der Kirche neu zu suchen.

6. Szene
Tandaradei!

(Ein großer runder Tisch unter einem Zelt im Wald bei Nürnberg, an dem abwechselnd Paare in schon leicht derangierter Kleidung Platz nehmen, auch der Kaiser und Karl, ein Minnesänger, Walter von der Vogelweide kommt dazu.)[45]

Otto: Zu diesem Frühlingsfest sind mindest 80 Adlige und viele reiche Bürger aus den Burgen oder Städten angereist und nahmen bis zu sieben Tagesstrecken auf sich, um nach Nürnberg zu gelangen. Ich hieß fast alle schon willkommen und bin bemüht, verschiedenen Geschmäckern, was zu bieten. Zur Jagd auf Füchse oder Säue wenden sich die ält'ren Herren dorthin *(zeigt nach links)* auch Eifersüchtige und Neider; die kräft'gen Jüngeren dagegen zieh'n zur Jagd auf schöne Mädchen, hier nach rechts. Aber achtet drauf, den ausgewählten Wald nicht zu verlassen! Eine breite Schneise zeigt die Grenze. In dem Walde warten hübsche Mädchen, falls ihr die „amie“ nicht vorher schon gewählt, und es gibt auch Decken oder Zelte zur Bequemlichkeit. Vorschrift ist für alle Frauen, in dem Wald ein dünnes, eng anliegendes plissiertes Unterkleid zu tragen, das das Darunter nicht verbirgt. Zum Glück für uns ist's heute warm. Wer hier was trinken will, kann der Musik und unsren Künstlern lauschen, und mitzuwirken steht ihm frei. Da seh' ich Walter von der Vogelweide, den berühmten Minnesänger, kommen. Es ist mir eine große Ehre, bitte nehmt hier Platz!
Walter: *(grüßt den Kaiser und setzt sich neben Karl, den anderen Minnesänger. Der runde Tisch wird voll besetzt, andere schauen den Darbietungen auf einer provisorischen Bühne stehend zu. Musik und Tanz von jungen Frauen, traditionell und züchtig. Kurze Zeit darauf zeigt die gleiche Mädchengruppe aber einen hemmungslosen, wilden Tanz.)* *(zu Karl)* Als müsse man den Deckel lüften, der in einem heißen Wasserkessel Druck erzeugt. Auch in den sogenannten besten Kreisen sehe ich den Drang,

sich einmal ohne mâze völlig geh'n zu lassen und die Freiheit zu genießen, die ein solches Fest erlaubt.

Otto: *(winkt der Tänzerin Gudrun, einer hinreißenden Blondine, mit Geste zu, nach dem Tanz zu ihm zu kommen. Sie nickt eifrig mit dem Kopf.)*

Karl: *(zu Walter, während die anderen zum Glas greifen und sich pantomimisch mit Partnerinnen beschäftigen und unterhalten)* Ihr hättet das gestern erleben sollen! Wusstest ihr, dass der Kaiser selbst ein Troubadour ist? Er trug drei Lieder in Französisch vor, gar nicht mal so schlecht![46] Aber als die wilde Tanzgruppe aufgetreten war, hielt es die junge Frau des Herzogs Leopold von Österreich nicht mehr aus. Die vormals byzantinische Prinzessin offenbarte uns ganz hemmungslos das wilde Blut der Heimat. Ich verstehe nicht den jungvermählten Herzog, der den Kreuzzug vorzog, anstatt der heißen Frau zu Dienst zu sein. Sie ließ sich Pfeifer kommen, tanzte zur Musik mit Füßestampfen derart losgelöst, dass die Pflichten ihres Standes sie darob vergaß und sich zuletzt das Kleid vom Leibe riss. Der Anblick dieser schönen Frau in voller Nacktheit war der Auftakt zu den Orgien im Wald. *(meldet sich zu einem Gedichtvortrag.)* Ihr alle, die ihr gestern da wart, denkt bestimmt noch an den Tanz der Theodora. Ihr zuliebe schrieb ich das Gedicht:

Theodora

Von l'autriche die duchesse
zeigte sich besonders keß.
Ließ sich an den Brüsten fassen,
als die Cotte sie fall'n gelassen,
und sie lud die Ritter ein,
allein mit ihr im Wald zu sein.
Nichts tat sie sich dann versagen

In dem Wald an diesen Tagen.
Von den Männern ganze Horden
sind von ihr genommen worden.
Überhaupt war manche Maid
rasch zum Liebesspiel bereit,
denn mit Griffen unterm Tisch
schob schnell man weg, was hinderlich,
bis der Ritter unverwandt,
fasst' die Maid und ihre Hand
um nicht lang mehr zu verweilen
und rasch in den Wald zu eilen.

(Viele vom Wein Erheiterte klatschen und grölen. Otto winkt die blonde Tänzerin Gudrun zu sich, die sich neben ihn setzt und heftig mit ihm flirtet. Ein Jongleur zeigt indessen seine Kunst)

Walter: Der Kaiser bat mich, mein Gedicht „Under der Linden"[47)] vorzutragen, das freilich nicht von solcher Derbheit ist. Aber es zeigt die „niedere minne", die wir mit einem willigen Mädchen in freier Natur genießen können.

„Under der linden an der heide,
dâ unser zweier bette was,
dâ muget ir vinden schône beide
gebrochen bluomen unde gras,
vor dem Walde in einem tal,
tandaradei,
schône sanc diu nahtegal.
Ich kam gegangen zuo der ouwe;
Dô was mÎn friedel komen ê,
Dâ wart ich empfangen,
hêre frouwe,
daz ich bin sælic iemer mê.

kust ermich wol tusentstunt.
Tandaradei,
Seht wie rôt mir ist der munt.
Dô hat er gemachet also rîche
von bluomen eine bettestat
des wird noch gelachet inneclîche,
kumt iemen an daz selbe pfat.
Bî den rôsen er wol mac,
tandaradei,
merken, wâ mirz houbet lac.
Daz er bî mir læge,
wessez iemen
(nu enwelle got!) sô schamt ich mich,
wes er mit mir pflæge,
niemer niemen
bevinde daz, wan er und ich
und ein kleinez vogellîn:
tandaradei,
daz mac wol getriuwe sîn".

(Allgemeiner Beifall, der Kaiser erhebt sich mit Gudrun, die er um die Hüfte fasst. Er holt auch die übrigen Tänzerinnen herbei.)

Otto: *(zu den Minnesängern)* Greift euch eine „amie"! Oder sucht euch eine im Wald! *(Die Minnesänger fassen jeder eine Blondine um die Hüfte und folgen Otto nach rechts in den Wald, während andere am Tisch sitzen bleiben und trinken oder der Musik lauschen, die noch bis zum Ende der Szene zu hören ist) (Vorhang)*

7. Szene
Im ungeliebten Bürgerkrieg vor Weißensee

(Im Feldherrnzelt. Gunzelin von Wolfenbüttel, Abt Friedrich von Walkenried, später dazu Otto IV.)

Gunzelin: Boten haben seine baldige Ankunft im Heerlager gemeldet.
Abt: Es wurde auch Zeit. Dieses Fest hat seinem Rufe sehr geschadet.
Gunzelin: Vor allem mach' ich mir Gedanken um die Staufer. Hofmarschall von Kalden sprach – wie es schien – genussvoll, dass er über seinen Orgien die staufische Verlobte Beatrix wohl ganz vergessen habe.
Abt: Wenn er die Staufer auf seiner Seite behalten will, muss er heiraten! Und zwar rasch! *(Signal vor dem Zelt)* Er kommt.
Otto: Aus Nürnberg habt ihr mich ganz dringlich mitten aus dem Ablauf meines Festes abberufen. Ich frag euch hier und jetzt warum?
Gunzelin: Ihr wisst, dass ihr euch stets auf uns verlassen konntet, darum hört und achtet unsern Rat! Vor Weißensee geht's nicht um Bagatellen, s'geht ums Kaisertum und vor allem eure Existenz!
Abt: Ihr dürft euch nicht in Träumerei'n verlieren, als Kämpfer an der Liebesfront, nein, hier ist eure Front, der Krieg ist bitt're Wahrheit.
Otto: Leider!
Gunzelin: Noch hat der Gegenkönig wenig Rückhalt, doch der Landgraf ist der Hebel seiner Macht. Die Festung Weißensee muss fallen, dann fall'n auch eure Gegner um. Ich hab' schon viele Thüringer bestochen.
Abt: Jedoch gedenkt der staufischen Partei! Sie bildet eine mächtige Fraktion in dem Belag'rerheer. Und mancher murrt, weil ihr noch nicht gefreit des Philipps Tochter. Ihr habt genug euch ausgetobt mit Frauen.
Otto: Sie ist so unreif noch und jung!
Abt: Sucht Vorwänd' nicht! Aus Staatsraison ist diese

Heirat nötig. Sie bindet die Parteien aneinander und nimmt dem Friederich die Macht.
Otto: So sei es in Nordhausen, bald, noch diesen Monat! [48] *(Black)*

8. Szene
(Heinrich von Kalden und Kuno von Münzenberg)

Heinrich: Hast du bemerkt, dass Otto diesen Ekbert wieder annimmt, der als Förderer des Attentats an Philipp angeklagt. Ich hätte ihn so wie den Wittelsbacher eigenhändig köpfen sollen, als er sich wieder sehen ließ.
Kuno: Ich hatte Otto abgeschrieben schon. Jetzt ist er da, und diese Heirat ist ein kluger Schachzug, der uns zwingt, ihm weiter nachzufolgen.
Heinrich: Ja, obwohl ich dieser Heirat keine Zukunft gebe. Die Dreizehnjähr'ge sagte mir, sie habe Angst, den alten Mann zu frei'n. Sie sei doch noch so jung!
Kuno: Armes Ding! Doch wer fragt Fürstenkinder schon nach Liebe? *(Black)*

9. Szene
Die Katastrophe
(Am 10. August 1212 vor Weißensee, Walter von der Vogelweide und Wolfram von Eschenbach, später Otto, Gunzelin und Abt Friedrich von Walkenried.)

Walter: Du hier?
Wolfram: Ich bin aus reiner Neugier, sagen wir als Kriegsberichterstatter hier, weil mich der aufgestellte Tribok interessiert. Man kann damit aus großem Abstand Breschen in die Mauern schlagen. Ich geb'

dem Thüringer nicht eine Woche, dem Sturm des Heeres standzuhalten. Ich schildere den Tribok auch in meinem „Willehalm“! Du dichtest jetzt im Ottenton? Warst du auch in Nürnberg?
Walter: *(abwehrende Geste)* Ich erzähl dir andermal davon! Ich höre Stimmen, lass das Zelt uns rasch verlassen! *(Die obengenannten Vertreter der welfischen Fraktion betreten das Zelt)*
Abt: Wie habt ihr Beatrix verlassen? Ich hörte, sie sei krank?
Otto: Ja sehr. Sie hat sich bei mir angesteckt. Den Ärzten fällt bei Ruhr nichts andres ein, als neu zur Ader sie zu lassen oder Einläufe zu machen, was sie unnütz weiter schwächt. Ich konnt‘ es nicht mit ansehn!
Abt: So lasst uns beten wenigstens für die Gesundung!
Gunzelin: Doch keineswegs versäumen, Weißensee zu nehmen, das, von uns umzingelt, sturmreif ist geschossen!
Otto: Morgen!
Gunzelin: Also morgen! *(Black)*

10. Szene
(Die Vorigen, man schreibt den 11. August 1212, ein Bote kommt)

Gunzelin: Was habt ihr zu berichten? Sprecht!
Bote: Ich wollte, Gott ersparte mir die schreckensvolle Nachricht. Beatrix ist tot, die junge Kaiserin. [49)]
Otto: Haltet mich! *(Abt und Gunzelin stützen ihn)* Mir wird ganz schwarz vor Augen!
Gunzelin: Was Schlimmres konnte nicht passieren, ich seh die Allianz zerbrechen zwischen Welfen und den Staufern. Wir müssen jetzt sofort die Burg erobern!

Abt: Vor allem tun, als wäre nichts und ihren Tod verschweigen!
Otto: Kämpft heute ohne mich! Ich kann nicht ….
Gunzelin: Wir tun's noch heute Nacht! *(Black)*

11. Szene
(Otto ruht auf einem provisorischen Lager, bei ihm wacht der Abt von Walkenried, Lärm vor dem Zelt)

Gunzelin: *(hereinstürzend)* Majestät, Alarm! Als wir die Trommel rühren ließen zum Gefecht, verließen uns fast alle Truppen. Der von Kalden, den ich festhielt, riss sich los und rief mir zu: wir meinten wohl, die Nachricht von dem Tod der Kaiserin dräng nicht zu ihm! Es sei vorbei, und steh'nden Fußes geh er über nun zu Friedrich! Er äußerte noch hämisch, wundern würden wir uns wohl, was nach Rasur von Brief und Siegel an den archivierten Akten von Verdiensten welfischer Herrschaft übrig blieb! Die Ministerialen ließen alles stehn und liegen und eilten fort mit ihm wie alle Staufer.[50)]
Bote: *(eintretend)* Pfalzgraf Heinrich meldet, euer Bruder, dass er sei zum Kampf bereit wie eure eignen Truppen.
Otto: Lasset, Gott will nicht die Niederlage Hermanns!
Gunzelin: Welch ein grenzenloser Fehler! Hier und jetzt hätt' die Entscheidung fallen müssen. Unsre Truppen wär'n allein auch stark genug, den Landgraf zu besiegen, das Übrige für uns erledigte der Tribok! Ach, kampflos überlasst ihr Friedrich jetzt das Feld! *(Vorhang)*

12. Szene
(Otto und Maria von Brabant in einem Garten des dortigen Hofes)

Otto: Ich musste 39 Jahr' alt werden, um endlich höfisches Int'resse und Liebe unter einen Hut zu bringen, Maria, dich, noch 21 Jahre jung, zu ehelichen, welches Glück!

Ach, viel früher wär's geschehn,
hätt' als Frau ich dich gesehn,
nachdem verlobt du mir als Kind.
Und nun verlor'n die Jahre sind!

Maria: Nun muss ich aber ernsthaft mit dir sprechen! Als Yvette, meine damals 18-jähr'ge Freundin, vom Besuch bei dir zurückkam, konnt' sie nicht verbergen, dass sie schwanger war, und sie entband ein Kind, dass dir verdächtig ähnlich sah!

Otto: *(erschrickt)* O Gott.! Davon wusste ich nichts!

Maria: Sie beichtete mir voll Reue ihre Liebschaft, und ich vergab ihr. Doch reiste sie danach mit deinem Sohn nach Frankreich, und sie lebt, angeblich reiche Witwe, als Beraterin für Mode an dem Hofe Philipps. Nur du und ich und seine Mutter wissen, wer der Vater ist, und wir wollen nicht dran rühr'n, hab ich doch die Hoffnung noch, von dir auch Kinder zu empfangen. Liebe mich, ich bitte dich! Wir haben zuviel Jahre schon versäumt!

Otto: Wär nicht dieser unglücksel'ge Krieg mit Friedrich! Und auch der Papst und Frankreich sind mir feind! Wär' ich nicht eng verbündet mit den Briten, verhielt ich mich neutral. Nun warten alle auf das Schlachtfeld bei Bouvine und auf mein Heer. Warum nur messen sie die Kraft nicht im Turnier, beim ritterlichen Tjost? Ich bin des Kriegs so müde, wieviel lieber lauscht' ich Wolframs Parzival am runden Tisch, als selbst zu kämpfen und zu töten! *(Black)*

13. Szene
Am Ende steht der Tod
(auf der Harzburg, Monolog des schwerkranken Otto, 1218)

Otto: Es kam so , wie es kommen musste,
Vergeblich hofft' die Frau auf's Kind,
Ob meine Krankheit schuld, die in Italien
Ich mir holt' und die mich häufig schwächt?
Die Schlacht mit Frankreich ging verlorn,
und meine Zeit als Kaiser auch,
weil ich mit halbem Herzen nur
für mich noch kämpfte und das Reich.
Wenn irgendwo ein Loch zu stopfen,
brach bald ein anderes neu auf.
Ich seh in allem keinen Sinn,
der Schwung der Jugend ist dahin.
Ich fühle mich dem Tode nah,
und weiß, voll Reue steh ich da,
weil im Tod statt Macht und Geld
nur das Seelenheil noch zählt.
(streckt sich auf einer Ruhestadt aus. Herein treten der Abt Friedrich von Walkenried, drei weitere Geistliche, Gunzelin von Wolfenbüttel und die Kaiserin Maria, ein leise geführtes Gespräch folgt.)
Abt: Er sieht seit gestern noch viel kränker aus, ich glaub', sein Ende naht.
Gunzelin: Den Ärzten fiel nichts Bess'res ein, als oft zur Ader ihn zu lassen, das heißt, ihn nur zu schwächen. Er, den die Ruhr zum häuf'gen Stuhlgang zwang, noch weit'ren Einlauf zu verschreiben! Ich fass es nicht, Quaksalberei!

Abt: Psst! Er rührt sich! Was wünscht ihr, Majestät?[51)]
Otto: Ich bin froh, dass ihr gekommen seid! Lasst meine Sünden mich bekennen. *(legt sich bäuchlings auf den Teppich, der in der Mitte des Raumes ausgebreitet ist, hebt den Kopf und betet stumm, dann fasst er die Stola des Abtes, legt sie sich um den Hals und spricht)* „Unter dieser Stola bekenne ich euch allen, dass ich gegen den römischen Stuhl schwer gesündigt habe und gegen den Papst selbst, wie gegen die römische Kirche. – Weil ich nicht wusste, wie ich sonst meinen Dank gegen Gott, durch dessen Vorsehung ich zum Kaiser gewählt und vom Papst geweiht bin, für die empfangenen Wohltaten abstatten sollte, habe ich zum Vermächtnis das Kreuz genommen, das ich bis heute an meinem Hals getragen und vor den Menschen verborgen habe. *(zu Maria)* Maria, löse das Kreuz ab! *(Die Kaiserin tut es, reicht es dem Abt, dieser aber gibt es an Otto zurück)*
Abt: Haltet es zum Zeichen der Vergebung eurer Sünden!
Otto: Nehmt, ihr Geistlichen, die Weidenruten, die ich habe bringen lassen! Züchtigt mich für meine Sünden! *(Nachdem er seinen Rücken entblößt hat, schlagen ihn die Kleriker)*
Otto: Trefft mich Sünder kräftiger!
Gunzelin: *(zur weinenden Maria)* Schauderhaftes Schauspiel!
Abt: Genug jetzt! Zum Blutvergießen soll's nicht kommen!
Otto: Geht und speiset jetzt! Doch meine Frau, den Abt und Ludolf erbitt ich bald zurück!
(Black)

14. Szene

(Maria, Abt und Ludolf als Sekretär empfangen Ottos Testament)

Otto: Ich verlange, dass das unterschrieb'ne Testament auch werde eingehalten. Bruder Heinrich ist mein Testamentsvollstrecker, Nutznießer sei'n vor allem meine Frau mit 50 Silbermark, der Truchsess Gunzelin und alle Bürger der Stadt Braunschweig, denen 5 mal hundert Silbermark sind zu verschenken. Die Reichsinsignien sind an Kaiser Friedrich auszuliefern, aber nur bei Gegenleistung der Restituierung Sachsens an die Welfen. Zwischen Mitternacht und Morgen werde ich vermutlich scheiden. Nehmt Abschied jetzt von mir, doch lasst dem Hildesheimer Bischof das absolvo mir erteilen, wie versprochen!
Abt: Der Papst blieb gegenüber euren Bitten stumm. Aber ich versprech', er wird von eurem frommen End' erfahren und gar nicht anders können als verzeih'n.

Epilog

1. Szene

(Walter von der Vogelweide, Wolfram von Eschenbach und die Kaiserwitwe)

Walter: Ein halbes Jahr ist hingegangen. Wir haben eifrig recherchiert.
Wolfram: Die Vita eures Gatten ist fast fertig....
Walter: im ungewohnten Dialog geschrieben.
Wolfram: Hier ist das Werk! Im Gegenzug erbitten wir das abgesprochne Honorar.

Maria: Leider ist's so einfach nicht! Mein Schwager, Pfalzgraf Heinrich, verweigerte als Testamentsvollstrecker sowohl der Stadt als mir das zugesprochne Geld. Er meinte, abzuwarten seien erst die Kosten, die für's Begräbnis in dem Dome aufzubringen seien. Ich sagte ihm, dass sei nur Vorwand. Mein Mann hab dafür längst gesorgt. Er schimpfte laut und brüllte, dass nur ihm, nicht Otto einst die Königswürde hab gehört!
Walter: Fast hab ich mir's gedacht, dass er nicht zahlt, als Heinrich ihr als euren Testamentsvollstrecker nanntet! Mit andren Worten: ohne Geld ist mit uns kein Geschäft zu machen, das gegenüber Staufern uns in eine schwier'ge Lage bringt.
Maria: Ich werd das Honorar besorgen! Wartet drauf!
Walter: Nein, nein, wir gehen! Lebet wohl! *(Black)*

2. Szene
(Wolfram und Walter am gleichen Ort)

Wolfram: Nun sag, was soll mit diesem Stück geschehen? Auf welche Weise kommen wir an Geld?
Walter: Erinn're dich, was über Theodora, die Duchesse, wir niederschrieben bei dem Frühlingsfest in Nürnberg! Würde dieser Text bekannt, das wär dem Österreicher Herzog äußerst unlieb!
Wolfram: Ja, ich denk' er würd bezahlen die von der Imperatrix zugesagte Summe, um den Skandal mit seiner Frau so zu vertuschen!
Walter: Gut, wir bieten es ihm an. Er kann's vernichten, vielleicht auch wird's die Zeiten überdauern – unerkannt, wer weiß?

Anmerkungen:

[1] Hucker, Bernd Ulrich, „Otto IV." Der wiederentdeckte Kaiser, insel-Taschenbuch 2557, Ffm 2003

[2] Walter: Ahî wie kristenlíche nu der babest lachet … er giht „ich hân zwên Almân under eine krône braht daz si'z rîche sulen stœren unde wasten …

[3] Hucker: a.a.O. S. 452 Z. 9 ff.

[4] Hucker: a.a.O. S. 451 Z. 17 ff.

[5] Hucker: a.a.O. S. 450 Z. 20 f.

[6] Hucker a.a.O. S. 449 Z. 9 ff.

[7] Hucker: a.a.O. S. 444 Z 19 ff.

[8] Hucker: a.a.O. S. 411 Z. 13 ff

[9] Walter: „Ich hân mîn lêhen, al die werlt!"

[10] Walter: Tegernsee-Gedicht: …ich nam dâ wazzer alsô nazzer muost ich von des müneches tische scheiden…

[11] Walter: Anspielung auf: Ich saz ûf eime steine und dahte bein mit beine, dar ûf sast' ich den ellenbogen. Ich hete in mîne hand gesmogen Daz kinne und ein mîn wange….

[12] Bittere Ironie Walters, der in diesem Spruch die Reichsministerialen als Köche verspottet. Wir suln den kochen raten sit ez in also hohe ste daz si sich niht versumen, daz si der fürsten braten sniden groezer baz dan e doch dicker eines dumen…

[13] Hucker: a.a.O. S. 85 f.

[14] Hucker: a.a.O. S. 85 Z. 23 f.

[15] Hucker: a.a.O. S. 85 Z. 31 ff.

[16] Hucker a.a.O. S. 86

[17] Hucker: a.a.O. S. 86 Z. 19 f.

[18] Hucker a.a.O. Vgl. S. 32 Z. 21 ff

[19] Hucker: a.a.O. S. 87 Z. 1 u. 2

[20] Hucker: a.a.O. S. 86 Z. 21 ff.

[21] Hucker: a.a.O. S. 86 Z. 25 f.

[22] Hucker: a.a.O. S. 77

[23] Hucker: a.a.O. S. 74

[24] Hucker: a.a.O. S. 107 2. Absatz

[25] Hucker: a.a.O. S. 101 Z. 3 ff.

26) Hucker a. a. O. S. 102 Z. 11

27) Hucker: a. a. O. S. 115 ff

28) Zu Kleiderfragen wird teilweise zitiert aus dem Buch „Geschichte des Kostüms" von Erika Thiel Henschelverlag Berlin 1980, S. 108 ff.

29) Hinweise übernommen aus dem Buch „Alltag im Mittelalter" von Ernst Schubert, Wiss. Buchgemeinschaft Darmstadt 2002

30) Hucker: a. a. O. S. 117

31) Hucker: a. a. O. S. 117, 2. Absatz

32) Hucker: a. a. O. S. 130 ff. Kaiserbesuch in England

33) Hucker: a. a. O. S. 134 f.

34) Hucker: a. a. O. S. 160, 2. Absatz

35) Hucker: a. a. O. S. 163, 3. Absatz

36) Hucker: a. a. O. S. 162 f.

37) Hucker: a. a. O. S. 165 f.

38) Hucker: a. a. O. S. 165

39) Hucker: a. a. O. S. 170 ff.

40) Hucker: a. a. O. S. 185 ff Es ging um die Romreise und die Wiederherstellung der von Friedrich Barbarossa erworbenen Reichsrechte gegenüber dem Papst.

41) Hucker: a. a. O. S. 201 ff (Die Rolle der Ministerialen)

42) Hucker: a. a. O. S. 218 2. Absatz (Brief der Königswahl Friedrich II. durch deutsche Fürsten)

43) Hucker: a. a. O. Vgl. S. 256 ff.

44) Hucker: a. a. O. S. 359 ff.

45) Hucker: a. a. O. Frühlingsfest bei Nürnberg S. 291 ff.

46) Lieder Otto IV. Mout est fouls, que que nus die („Ein großer Narr ist, wer da meint....") Quant de la foelle („Wenn die Obstgärten sich belauben") Que damandez vous (Was wollt ihr, wenn ihr mich habt?)

47) Walters Lied neuhochdeutsch:
Unter einer Linde auf der Heide,
wo unsrer beider Bett war,
da mögt ihr wohl beides finden,
gebrochne Blumen und (niedergedrücktes) Gras.
Vor dem Wald in einem Tal

tandaradei
herrlich sang die Nachtigall.
Als ich zu der Aue kam,
mein Liebster war schon früher da,
da wurd' ich so empfangen,
o heilige Maria,
dass ich immerdar glückselig bin!
Er küsste mich wohl tausendmal,
tandaradei
seht wie rot mein Mund ist!
Er hatte prächtig zubereitet
eine Bettstatt uns aus Blumen.
Darüber lachen wir noch inniglich.-
Wenn jemand an diese Stelle kommt,
kann er an den Rosen erkennen,
tandaradei,
wo mein Kopf gelegen hat.
Erführe es jemand,
(das möge Gott verhüten),
dann schämte ich mich.
Was er mit mir gemacht hat,
niemals, niemand wisse das,
außer ihm und mir
(na ja) und einem kleinen Vögelein
tandaradei,
(aber) das kann wohl verschwiegen sein!

48) Hucker: a. a. O. S. 342, 3. Absatz Hochzeit mit Beatrix in Nordhausen

49) Hucker: a. a. O. S. 344 f Nachricht vom Tod der Beatrix

50) Hucker: a. a. O. S. 346, letzter Absatz Auflösung der Koalition mit den Staufern

51) Hucker: a. a. O. S. 19, Z. 4 ff und S. 446 ff Narratio über den Tod Ottos, z.T. wörtlich zitiert

Die Autoren

GERNOT BISCHOFF, geb. 1933 in Prößneck/Thüringen, verbrachte seine Jugend in der DDR, Abitur und Studium absolvierte er in Hessen und war von 1963 bis 1997 Lehrer am Gymnasium Salzgitter-Bad. Seit 1977 Leiter einer Amateurbühne und eines Literaturzirkels, 1992 bis 2006 Sprecher der AG Literatur der Braunschweigischen Landschaft. Bundesverdienstkreuz für sein Engagement für regionale Kultur 2007. Er veröffentlichte im Deutschen Theaterverlag Weinheim mehrere Theaterstücke sowie Lyrik und Prosa, u.a. im Appelhans-Verlag Braunschweig. Zuletzt erschien „Hemdenwechsel. Eine Kindheit und Jugend zwischen Anpassung und Widerstand“ (BoD, Norderstedt 2008).

ANGELIKA BURKHARDT, geb. 1953 in Vlotho an der Weser, lebt seit 1973 in Braunschweig. Studium der Germanistik und Biologie. Promotion zum Dr. rer. nat. in der Abt. Anthropologie des Instituts für Humanbiologie der TU Braunschweig. Als wiss. und freie Mitarbeiterin Beschäftigung mit Themen zur Zwillingsgenetik und zur Skelettanthropologie. Interdisziplinäre Arbeiten zu Biologie und Literatur (Goethe, Celan) sowie zu Biologie und Linguistik (Sprachevolution). Wissenschaftliche Publikationen in allen Forschungsbereichen. Die anthropologische Untersuchung der Gebeine Kaiser Lothars III. und seiner Familie aus dem Dom zu Königslutter gab den Anstoß zu einer belletristischen Veröffentlichung: „Henry – Eine Geschichte aus dem Braunschweiger Land“ (Ars & Scientia 2008).

Kirsten Döbler, geb 1955 in Hamburg, lebt seit 1994 in Braunschweig. Studium in Hamburg (Englisch, Russisch, Erziehungswissenschaften). Prokuristin bei einem Hamburger Spezialveranstalter für Russlandreisen; wissenschaftliche Angestellte am Niedersächsischen Landesinstitut für Schulentwicklung und Bildung; seit 2003 freiberufliche Tätigkeit. Übersetzerin, Redakteurin und Mediendesignerin. Veröffentlichungen siehe homepage www.kirstendoebler.de

Eva Ehmke, geb. 1954 in Erlangen, lebt seit 2000 in Wolfenbüttel. Schulbesuch in Nürnberg, Studium fremder Kulturen mit Schwerpunkt Ostasien in Hamburg, Promotion in Sinologie. Zusatzausbildung zur Softwareentwicklerin in Hannover, Arbeit in Wolfsburg und Bremerhaven, seit 1994 im Öffentlichen Dienst in Salzgitter. Wissenschaftliche und belletristische Veröffentlichungen seit 1978.

Lilly Fay (eigentl. Lisann Anders), geb. 1988, lebt in Landschlacht/Schweiz, 2007 Abitur am Ellerrieder Gymnasium Konstanz, bis 2008 Jurastudium, seither Studium der Anglistik sowie Publizistik und Geschichte an der Universität Zürich. Sie war Chefredakteurin einer Schülerzeitung und gehört seit 2008 der English Drama Group of Zurich an.

Klaus Gossow, (Künstlername Claas vom Stukkeberge oder Claudius minor Lichtenbergensis), geb. 1937 als Westpreuße in Preußens heimlicher Hauptstadt Breslau, Abitur am Humanistischen Gymnasium für Jungen, Andreanum zu Hildesheim, Latein-Griechisch-Hebräisch-Französisch-Englisch und trotz allem Bauingenieur geworden. Ein Leben lang Bauer (sed non agricola), Straßenbauer, Tiefbauer, Innovativbauer, Erbauer, Rückbauer, Neubauer, Brückenbauer, Endbauer, Hochbauer, Umbauer, Kläranlagenbauer, Abbauer, Kanalbauer, Creativbauer. Augenblicklicher Stand: emeritus Pensionist. Christlicher Ehemann: 44 Jahre, eins schöner als das andere, familia: pater trifach, avulus 2x trifach – Skala nach oben offen. Sonstige Vorkommnisse in letzter Zeit: keine, aber „Erfinder" des Salzgitteraner Altstadtfestes, Wahrer des Erbes Heinrichs des Löwen und Kaiser Otto IV. auf der Burg in Lichtenberg, Mitinitiator des Baus des Gradierpavillons im Rosengarten von Bad Salzgitter, Sprecher der AG Denkmalschutz in der Braunschweigischen Landschaft

Paul Hugo, (eigentl. Siegfried Paul Hugo Schröder), geb. 1938 bei Wohlau in Niederschlesien, lebt und schreibt in Achim bei Bremen. Bei der Flucht vor der roten Armee im klirrkalten Winter 1945 bis ins Elbsandsteingebirge und während der Rückkehr ins Heimatdorf Krieg, Verwüstung, Würde und Würdelosigkeit der Menschen kennen gelernt. Nach der Vertreibung aus der schlesischen Heimat in Ostwestfalen neue Wurzeln geschlagen. Die Bescheinigung der mittleren Reife erlangt vor Eintritt in das Berufsleben (nach Eisenbahndienst in OWL Polizist zwischen Bremen, Hannover und Bremerhaven) . Verheiratet mit einer attraktiven Frau, die mir zwei Söhne schenkte. Hobbymäßig über zehn Jahre an archäologischen Ausgrabungen in Kalkriese beteiligt. Forschungsbeitrag „Gotländer am Externstein, Ikonographische Betrachtungen an den Steinmetzwerken“ mit Widerhall in der Fachwelt, Veröffentlichung der Untersuchungen in einer Broschüre „Der Götterwald“ im Forsite-Verlag 2008. Ferner Kurzgeschichte „Das Antoniuskreuz“ (behandelt den revolutionierenden Eisenbahnbau in einer ländlichen Gemeinde), aufgenommen in die Anthologie des Frühjahrs 2006 beim August von Goethe Literaturverlag Frankfurt a.M.

Julia Kloppenburg, geb. 1990 in Rostock, Abiturientin am Wilhelm-Gymnasium Braunschweig. Der abgedruckte Beitrag war ihre Rede beim Braunschweiger Rhetorikwettbewerb 2009.

Thomas Ostwald, geb. 1949, Buchhändler, Gründer und Herausgeber der Zeitschriften Magazin für Abenteuer-, Reise- u. Unterhaltungsliteratur (eingestellt), Magazin für Amerikanistik (besteht seit über 30 Jahren), Autor von Biografien über Karl May, Friedrich Gerstäcker, Charles Sealsfield, Jules Verne und den Welfenkaiser Otto IV. Darüber hinaus zahlreiche andere Publikationen, darunter auch Jugendbücher. Gründer der Gerstäcker-Gesellschaft und Leiter des Gerstäcker-Museums in Braunschweig, Herausgeber der Werkedition Friedrich Gerstäckers. Seit 2008 auch Autor von historischen Kriminalromanen, die in Braunschweig spielen, und mit besonderen „Erlebnisführungen“ in verschiedenen Rollen in der Stadt unterwegs.

Bernhard Selker, geb. 1938 – spät, aber offensichtlich noch nicht zu spät zu ironisch-humorigem Kopf-Hand-Werk gelangter Mensch, der sich selbst, aber vor allem auch dem „Aberwitz in dieser Zeit“ mit Produkten aus eigener Verseschmiede begegnet. Bei seinem beruf „Betriebswirt“ war das nicht unbedingt zu erwarten. Außerdem ist er lustvoller Rezitator und Vorleser eigener und vorgegebener Texte, besonders der hinter-, zwischen-, vor-, nach- und gar auch unsinnigen Art und zunehmend gern tätig als Rollen-Sprecher.

Lutz Tantow, geb. 1956 in Braunschweig, studierte Germanistik in Saarbrücken, Dr. phil., war wiss. Mitarbeiter, Lehrbeauftragter, Kulturjournalist, Öffentlichkeitsarbeiter, Sponsoring- und Kunstbeauftragter der NORD/LB und ist heute Pressesprecher der Braunschweigischen Landessparkasse. Er schrieb neben Kurzerzählungen und literarischen Reisereportagen Bücher über Franz Kafka, Friedrich Dürrenmatt und Max Frisch und gab den Stadtführer „Braunschweig zu Fuß“ sowie Anthologien mit regionaler Literatur mit heraus. Er ist Sprecher der Literatur AG in der Braunschweigischen Landschaft e.V. und Vorsitzender der Bibliotheksgesellschaft Niedersachsen.

Silke Wessels, geb. 1961 in Böblingen, lebt in Weil der Stadt-Merklingen, absolviert z. Z. eine Ausbildung zur Fachangestellten für Bürokommunikation beim Hauptzollamt Stuttgart.

Marianne Zell, geb. 1939 in Berlin, wo sie bis 1999 lebte, jetzt in Helmstedt, verheiratet, eine Tochter, zwei Enkeltöchter, war Lehrerin an einer Schule für Schwerstmehrfachbehinderte und hatte dort u. a. didaktischen Aufgaben auch die Leitung der Kunst AG. Noch immer gibt sie behinderten, jungen Menschen der Lebenshilfe in Helmstedt Malunterricht. Zuletzt erschien ihr Bilderbuch vom Mauerfall „Ein Tag im November 1989“. Zu ihrem Otto-Text schreibt sie: Richard Löwenherz war u.a. auf der Burg Trifels als Gefangener des Kaisers Heinrich VI. Wo aber wurde Otto IV. gefangen gehalten? Auch auf der Burg Trifels oder in Ochsenfurt, Speyer, Hagenau? Ich habe es nicht herausgefunden. Aber wo immer er eingekerkert war, er wird es schwerer als sein Onkel gehabt haben, da der durch seine stattliche Erscheinung und seine immer gute Laune sich seine Kerkermeister zu „Freunden“ machte. Er hat unter Umständen gelebt, die eines Ritters würdig waren, in einem „Goldenen Käfig“.